Praxiskurs Vergaberecht

Das Verfahren verstehen und richtig durchführen

Prof. Dr. Maike Langenhan-Komus

So nutzen Sie dieses Buch

Die folgenden Elemente erleichtern Ihnen die Orientierung im Buch:

Beispiele
hier finden Sie zahlreiche Beispiele, die der Vertiefung und Verbesserung des Verständnisses dienen.

Checklisten	
… zwecks Berücksichtigung wichtiger Aspekte	✓
… in der Praxis	

Merke

als hilfreiche Zusammenfassung der Ausführungen

Praxistipp

dient der Erleichterung in der Vergabepraxis

Exkurs

der Vollständigkeit halber bereits vorweg angedeutet

Inhalt

Vorwort

Dieser *Praxiskurs Vergaberecht* ist für einen umfassenden Einsatz konzipiert. So dient er zum einen dazu, sich einen ersten Überblick über die vergaberechtlichen Grundlagen zu verschaffen – wahlweise durch das Lesen einzelner Abschnitte oder der gesamten Lektüre. Zum anderen soll dieses Buch als übersichtliches, kompaktes Nachschlagwerk in der Praxis und auch für die Vorbereitung von Prüfungen dienen.

Regelmäßig in einem Vergabeverfahren auftretende Fragen werden beantwortet, ohne dabei von spezifischen Meinungsstreitigkeiten oder Details abgelenkt zu werden. Um dieses Ziel zu erreichen, wird daher auf die Nennung von Fundstellen und die Darstellung verschiedener Meinungen in Literatur und Rechtsprechung weitgehend verzichtet.

Da in den vielen verschiedenen vergaberechtlichen Vorschriften zahlreiche Aspekte detailliert ausdrücklich geregelt werden, wird zwecks eines besseren Verständnisses der Materie empfohlen, die relevanten rechtlichen Vorschriften parallel zu lesen und nachzuvollziehen.

Beginnend mit der Einordnung des Vergaberechts im Gesamtsystem des Rechts werden anhand zahlreicher Beispiele und hilfreicher Praxistipps die wesentlichen vergaberechtlich relevanten Vorschriften, die geltenden Vergabegrundsätze und die einzelnen Schritte eines Vergabeverfahrens dargestellt. Begriffe, wie z. B. Schwellenwert, Auftragswert, Verfahrensart etc. werden dabei erklärt. Ausführungen und Erläuterungen zu den einzuhaltenden Fristen, der notwendigen Dokumentation, der Leistungsbeschreibung, der Prüfung und Wertung der Angebote erleichtern die Durchführung von Vergaben als Auftraggeber und stellen zudem einen Leitfaden für Bieter dar. Abgerundet wird der Praxiskurs mit einem Überblick über die Besonderheiten des Rechtsschutzes im Vergaberecht.

In Form kurzer Exkurse wird außerdem auf die Vergabe von Bauleistungen und Architekten- und Ingenieursleistungen sowie auf die Besonderheiten der Vergaben im Sektorenbereich eingegangen.

Den Leserinnen und Lesern wünsche ich eine angenehme, erkenntnisreiche und hilfreiche Lektüre.

Prof. Dr. iur. Maike Langenhan-Komus

Einführung in das Vergaberecht

Durch das Vergaberecht soll sichergestellt werden, dass alle Beschaffungen, die durch öffentliche Auftraggeber getätigt werden, **wirtschaftlich und sparsam** im Wege des **Wettbewerbes** erfolgen. Beschaffungen unterschiedlich hohen Auftragswertes werden bundesweit (und europaweit) täglich in großer Menge durchgeführt. Hierunter fallen Beschaffungen von Leistungen, Dienstleistungen, Bauleistungen sowie freiberuflichen Leistungen.

Zu einem wirtschaftlichen und sparsamen Umgang mit Steuergeldern sind der Staat, die Länder und die Kommunen gesetzlich verpflichtet. Art. 20 Abs. 3 GG garantiert den Bürgerinnen und Bürgern das rechtskonforme Handeln des Staates, worunter auch der sparsame und wirtschaftliche Umgang mit denen dem Staat zu Verfügung stehenden (finanziellen) Ressourcen fällt.

Konkretisiert wird diese Verpflichtung im Vergaberecht durch die sog. **allgemeinen Vergabegrundsätze,** die die Grundlage für das Vergaberecht darstellen und bei Beschaffungen jeglicher Art zu beachten sind.

Abhängig vom **geschätzten Wert** der geplanten Beschaffung – des zu vergebenden Auftrages – unterscheiden sich die jeweils anzuwenden Vorschriften für den konkreten Beschaffungsvorgang. Denn die **vor** der Durchführung des Vergabeverfahrens geschätzte Höhe des sog. **Auftragswertes** ist u. a. maßgeblich dafür, ob ein Vergabeverfahren **europaweit** oder **national** auszuschreiben ist und wie der Vergabeprozess im Einzelnen durchzuführen ist.

Abhängig von der Höhe des geschätzten Auftragswertes sind bei der geplanten Beschaffung sodann **unterschiedliche Vorschriften** anzuwenden und verschiedene **Verfahrensarten** durchzuführen.

Um die Komplexität des Vergaberechts richtig einschätzen, die vergaberechtlichen Vorschriften verstehen und diese rechtskonform anwenden zu können, bedarf es zunächst einer ausführlichen Darstellung der **Systematik des Vergaberechts** sowie der Vielzahl verschiedener Regelungen, die in unterschiedlicher Art und Weise Einfluss auf das Vergaberecht haben.

Nach Verständnis und Reflektion dieser Systematik fällt es den Anwendenden in der Regel sehr viel leichter, sich im Vergaberecht zurechtzufinden und logisch schlussfolgernd die relevanten Vorschriften anzuwenden. Aufbauend auf diesem Fundament sind die einzelnen speziellen Regelungen von den Anwendenden leichter nachzuvollziehen und das Wissen in der Praxis umzusetzen.

Beschaffungen öffentlicher Auftraggeber, wie beispielsweise des Staates, der Länder und der Kommunen, sind vergaberechtskonform durchzuführen.

Hierdurch soll ein sparsamer und wirtschaftlicher Umgang mit Steuergeldern und der Wettbewerb bei der Durchführung von Vergaben gewährleistet werden.

Die Höhe des geschätzten Auftragswertes einer geplanten Beschaffung ist entscheidend dafür, wie der Vergabeprozess im Detail auszugestalten ist.

Unterschieden wird hierbei zwischen nationalen und europaweiten Vergaben, deren Durchführung sich jeweils nach unterschiedlichen Vorschriften richtet.

Systematische Einordnung des Vergaberechts

Das Vergaberecht regelt die rechtlichen Grundlagen für Beschaffungen, welche von Trägern öffentlicher Gewalt durchgeführt werden. Im Vergaberecht wird der Ablauf der jeweils durchzuführenden Vergabeverfahren rechtlich detailliert festgelegt.

Die **Besonderheit des Vergaberechts** besteht darin, dass das **Vergabeverfahren** den **Vergabeprozess** bis zur Vergabe eines Auftrages durch **Zuschlagserteilung** betrifft. Dieser Teil der Vergabe ist dem Wirtschaftsverwaltungsrecht zuzuordnen. Die Durchführung und Abwicklung des Vertrages nach dem erfolgten Vertragsschluss durch die Zuschlagserteilung richten sich nach den Vorschriften des Zivilrechts.

Durch den Zuschlag kommt ein **privatrechtlicher Vertrag** zwischen den Verfahrensbeteiligten zustande, sodass sich mit Abschluss des Vertrages gleichberechtigte Vertragsparteien gegenüberstehen.

Denn der öffentliche Auftraggeber[1] handelt im Rahmen der Vertragsdurchführung gerade nicht hoheitlich gegen-

---

[1] In Anlehnung an die überwiegenden vergaberechtlichen gesetzlichen Grundlagen sollen in diesem Buch unter den verwendeten Begriffen *„Auftraggeber"*, *„Auftragnehmer"*, *„Bieter"* etc. alle Personen gemeint sein.

über seinem Vertragspartner. Handelt der Staat hoheitlich, so liegt ein Über- Unterordnungsverhältnis mit der Folge der Anwendbarkeit des öffentlichen Rechtes vor. Dies ist im Vergaberecht jedoch gerade **nicht** der Fall. Stattdessen handelt der Staat entsprechend den europarechtlichen Vorgaben wie ein privater Marktteilnehmer und es liegt also gerade kein Über-Unterordnungsverhältnis gegenüber dem ursprünglichen **Bieter** – der dann mit der Zuschlagserteilung zum **Auftragnehmer** wird – vor.

> ***Beispiel***
>
> *Beantragt die Bürgerin B eine Baugenehmigung, so entscheidet die zuständige Behörde in Form eines Verwaltungsaktes nach § 35 VwVfG. Hierbei handelt es sich um hoheitliches Handeln des Staates gegenüber B aufgrund des zwischen den Beteiligten im öffentlichen Recht bestehenden Über-Unterordnungsverhältnisses.*

Nach Abschluss des Vergabeverfahrens mit Auftragserteilung durch Zuschlagserteilung stehen sich daher dann der – dort nicht hoheitlich handelnde – öffentliche **Auftraggeber** und der **Auftragnehmer** gegenüber. Das Vergaberecht ist daher im Ergebnis dem Zivilrecht zuzuordnen.

Das Vergaberecht ist erheblich durch das **Europarecht** geprägt. Um sich einen Überblick über das Vergaberecht verschaffen zu können, ist daher sehr detailliert auf die einzelnen zugrundeliegenden Vorschriften und deren Inhalte einzugehen und die Systematik genau zu beleuchten.

Exkurs: Geltendes Rechtssystem

Das Verständnis für die rechtliche Systematik des Vergaberechts soll im Folgenden erleichtert werden, indem im Rahmen eines kurzen Exkurses die in der Bundesrepublik Deutschland geltende Rechtssystematik ins Gedächtnis gerufen werden soll.

Wie auch in anderen Rechtsgebieten des deutschen Rechts, findet im Vergaberecht das **Rangprinzip** Anwendung.

Die im Vergaberecht geltenden Vorschriften müssen daher grundsätzlich mit höherrangigem – auch internationalem – Recht vereinbar sein. Hierbei hat die **ranghöhere** Regelung gegenüber der rangniederen Regelung grundsätzlich Vorrang (*lex superior derogat legi inferiori*).

Handelt es sich um **gleichrangige** Rechtsquellen, gehen **speziellere** Regelungen den allgemeineren Regelungen vor (*lex specialis derogat legi generali*).

EU-Recht

Ein wesentlicher Teil der vergaberechtlichen Vorschriften basiert auf Regelungen verschiedener **EU-Richtlinien,** zu deren fristgerechten Umsetzung in nationales Recht die Mitgliedstaaten jeweils verpflichtet sind. Erst nach der fristgerechten und wirksamen **Umsetzung** werden diese Regelungen rechtlich für die jeweiligen Mitgliedstaaten und die Rechtsanwendenden bindend.

Insofern unterscheiden sich EU-Richtlinien von **EU-Verordnungen,** welche in den EU-Mitgliedstaaten **unmittelbar gelten,** ohne dass es einer Umsetzung in nationales Recht bedarf.

Beispiel

Die Datenschutzgrundverordnung (DSGVO) gilt seit deren Erlass als EU-Verordnung unmittelbar, ohne dass es eines weiteren Umsetzungsaktes der Mitgliedstaaten der EU bedurfte.

Gesetze und Verordnungen

Direkt im Rang unter dem EU-Recht ist das **Grundgesetz** der Bundesrepublik Deutschland angesiedelt. Im Rang darunter befinden sich das **Bundesrecht** und darunter das **Landesrecht**.

Die formellen Bundes- und Landesgesetze enthalten häufig **Ermächtigungsgrundlagen,** die die **Exekutive** zum Erlass materiellen Rechts – in Form von Rechtsverordnungen – ermächtigen. Von diesen sog. Ermächtigungsgrundlagen wird in der Praxis insbesondere zwecks Konkretisierung der gesetzlichen Vorschriften häufig Gebrauch gemacht.

Grundsätzlich gilt nach Art. 31 GG „Bundesrecht bricht Landesrecht", sodass bundesrechtliche Gesetze und Verordnungen den landesrechtlichen Regelungen (Landesverfassung, Gesetzen und Verordnungen) stets vorgehen.

Um ein besseres Verständnis der Komplexität der rechtlichen Systematik zu erreichen, soll folgende Abbildung das Zusammenspiel der verschiedenen Regelungen in einer vereinfachten Darstellung veranschaulichen. In den folgenden Abschnitten wird auf einzelne Aspekte zum Teil noch detaillierter eingegangen werden.

! Im deutschen Rechtssystem findet das in der Abbildung vereinfacht dargestellte Rangprinzip Anwendung:

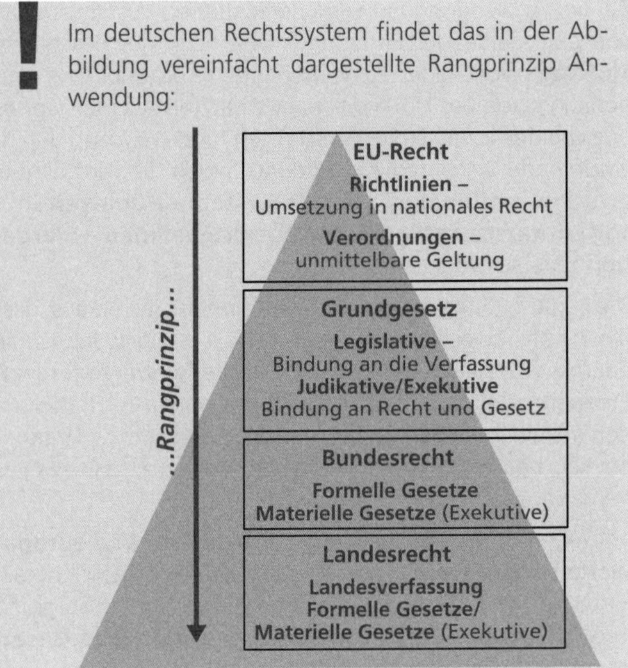

Definition des Vergaberechts

Das Vergaberecht umfasst die Gesamtheit der Regeln, die ein **Träger öffentlicher Gewalt** bei der **Beschaffung** sachlicher Mittel und Leistungen, die er zur Erfüllung seiner Aufgaben benötigt, zu beachten hat. Das Vergaberecht ist maßgeblich beeinflusst durch das **Europarecht.**

Bei der Anwendung der vergaberechtlichen Vorschriften ist von entscheidender Bedeutung, wie hoch der geschätzte **Auftragswert** einer zu vergebenden Leistung ist. Denn abhängig von der Höhe dieses geschätzten Auftragswertes entscheidet sich, welche Vorschriften für das sodann durchzuführende Verfahren Anwendung finden. Es wird hierbei zwischen **nationalen und EU-weiten/europaweiten – sog. unterschwelligen und überschwelligen – Vergaben** unterschieden.

Die Begriffe unter- und über*schwellig* resultieren daraus, dass die EU alle zwei Jahre zu Beginn des jeweiligen Jahres die dann jeweils neu geltenden sog. **Schwellenwerte** festlegt. **Erreicht oder überschreitet** der geschätzte Auftragswert den anzuwendenden Schwellenwert, so ist vom Auftraggeber kein nationales Vergabeverfahren, sondern ein EU-weites Vergabeverfahren durchzuführen.

Im Gegensatz zu nationalen Vergabeverfahren sind **europaweite Vergabeverfahren** an vielen Stellen gesetzlich detaillierter geregelt. Die maßgeblichen Vorschriften sind aufgrund ihrer Qualifikation als **formelles und materielles Gesetzesrecht** zwingend anzuwenden und zu beachten. Dies betrifft insbesondere das **Gesetz gegen Wettbewerbsbeschränkungen (GWB)** sowie die **Vergabeverordnung (VgV).**

Einige Vorschriften und Grundsätze des Vergaberechts finden jedoch auf **alle Vergabeverfahren** gleichermaßen – unabhängig vom geschätzten Auftragswert – Anwendung. Hierzu zählen zum einen die **allgemeinen Vergabegrundsätze** und die Regelungen zur **Schätzung des Auftragswertes.**

Dies ist denklogisch auch notwendig. Denn die Vergabegrundsätze sind von elementarer Bedeutung, um den wesentlichen Sinn und Zweck des Vergaberechts – Ermöglichung eines **fairen Wettbewerbs** und Berücksichtigung der **Wirtschaftlichkeit und Sparsamkeitsverpflichtung** staatlichen Handelns – zu erreichen. Die Schätzung des voraussichtlichen Auftragswertes, die zu Beginn eines jeden Verfahrens zu erfolgen hat, kann nur nach für alle Vergabeverfahren geltenden Vorschriften erfolgen. Denn nur durch eine solche Schätzung zu diesem Zeitpunkt kann überhaupt festgestellt werden, welche Art von Vergabeverfahren – national oder europaweit – durchzuführen ist.

Das durch Europarecht geprägte Vergaberecht ist bei Beschaffungen öffentlicher Auftraggeber zu beachten und einzuhalten.

Die Höhe des geschätzten Auftragswertes ist für die Beurteilung der Frage der Erreichung des Schwellenwerts und der Anwendbarkeit der verschiedenen vergaberechtlichen Vorschriften relevant.

Die allgemeinen Vergabegrundsätze sind bei jeder Vergabe zu beachten.

Das Verwaltungshandeln hat wirtschaftlich und sparsam zu erfolgen.

Allgemeine Vergabegrundsätze

Durch die **allgemeinen Vergabegrundsätze** werden die Eckpfeiler eines jeden vergaberechtlichen Beschaffungsvorganges festgelegt.

Gesetzliche Regelungen zur Vergabe öffentlicher Aufträge und Konzessionen befinden sich in **Teil 4 des Gesetzes gegen Wettbewerbsbeschränkungen (GWB).** Die Regungen in den §§ 97 ff. GWB stellen u. a. die Umsetzung verschiedener vergaberechtsrelevanter EU-Richtlinien dar.

Auf europäischer Ebene erfolgte die letzte große **Vergaberechtsreform** im Jahr 2014 mit der Maßgabe, die Regelungen bis 2016 in nationales Recht umzusetzen. Dieser Verpflichtung ist die Bundesrepublik Deutschland fristgerecht nachgekommen.

Neben vielen Änderungen bestehender vergaberechtlicher Vorschriften waren die Mitgliedstaaten auch zur Anpassung der bereits bis dahin geltenden allgemeinen Vergabegrundsätze verpflichtet. Hierbei wurden zum Teil Aspekte gesetzlich geregelt, die bereits in der Vergangenheit in der Praxis in gleicher Art und Weise gehandhabt wurden, wie sie nunmehr europarechtlich verpflichtend gelten. Diese bisherige Vergabepraxis wurde zuvor z. T. auch durch die Rechtsprechung explizit bestätigt.

Die europarechtlich geregelten allgemeinen Vergabegrundsätze wurden in deutsches Recht insbesondere in § 97 GWB umgesetzt und sollen im Folgenden einzeln dargestellt werden.

Wettbewerbsprinzip

Nach § 97 Abs. 1 Satz 1 GWB sind Aufträge im **Wettbewerb** zu vergeben. Hierdurch soll gewährleistet werden, dass einem großen Kreis an potentiellen Bietern die Möglichkeit eröffnet wird, für den ausgeschriebenen Auftrag die Leistung anzubieten und den Auftrag auszuführen.

Dadurch werden zum einen die Chancen der einzelnen interessierten Bieter erhöht und zum anderen führt die ökonomische Wirkung des Wettbewerbs dazu, die Sparsamkeit und Wirtschaftlichkeit des Verwaltungshandeln tatsächlich zu realisieren.

Beispiel

Bittet die Stadt S lediglich den örtlichen Feinkostladen F, ein Angebot für ein Catering anlässlich eines Empfangs im Rathaus zu erstellen, so hat die Stadt in dem Fall keine Vergleichsmöglichkeiten, ob die angebotenen Preise angemessen sind und das Angebot im Ergebnis wirtschaftlich ist.

Außerdem würde der Bieter F wahrscheinlich auch keine Veranlassung verspüren, ein für die Stadt besonders günstiges Angebot zu erstellen, wenn ihm bewusst ist, dass keinerlei Konkurrenz für den anvisierten Auftrag besteht. Die Chancen, dass die Stadt in diesem Fall tatsächlich wirtschaftlich und sparsam handelt, dürften daher relativ gering sein.

Anders beurteilt sich der Fall jedoch, wenn die Stadt S mehrere potentielle Bieter zur Abgabe eines Angebotes für das Catering auffordert. Diese Angebote können miteinander verglichen werden und die Bieter werden in der Regel durch den Wettbewerb zur Abgabe wirtschaftlicherer Angebote motiviert sein.

Ein wirtschaftliches und sparsames Handeln der Stadt wird durch den Wettbewerb ermöglicht und in der Praxis tatsächlich umsetzbar.

Transparenzgebot

Nach § 97 Abs. 1 Satz 1 GWB sind die Vergaben im Wege **transparenter** Verfahren durchzuführen. Diese Transparenz kann durch eine nachvollziehbare Dokumentation erreicht werden.

Da die meisten Vergabeverfahren in der Regel **elektronisch** durchgeführt werden, ist ein Verfahren ohne eine nachvollziehbare Dokumentation meist technisch ohnehin inzwischen nicht mehr möglich. Denn die meisten Systeme verlangen automatisch die Eingabe einer Vielzahl verschiedener Verfahrensschritte.

Ein transparentes Handeln dient jedoch nicht nur der Erfüllung dieser gesetzlichen Verpflichtung, sondern kommt auch den einzelnen Handelnden zugute. So kann der Prozess durch die für das Vergabeverfahren zuständige Person selbst – aber auch im Fall von Abwesenheiten durch Dritte – jederzeit gut ins Gedächtnis gerufen und nachvollzogen und das Verfahren stringent durchgeführt werden. Hierdurch können häufig Verzögerungen oder die Notwendigkeit von Nachfragen oder Recherchen vermieden werden.

Ebenso können evtl. auftretende Fragen bei rechtlichen Überprüfungen oder Revisionsprüfungen leichter aufgeklärt werden.

Praxistipp

Zusätzlich zu den zwingend von den jeweiligen elektronischen Vergabesystemen vorgegebenen Parametern kann es sinnvoll sein – gerade bei schwierigen Entscheidungsabläufen oder in Zweifelsfällen – auch die Beweggründe für die Entscheidungen oder sonstige wichtige Dinge zu dokumentieren. Hierbei können Notizen,

Mailverkehr, sonstige Unterlagen im Zusammenhang mit Recherchen oder Ähnliches sinnvolle Anlagen zur Dokumentation sein.

Das Transparenzgebot ist auch eine Ausprägung des Umstandes, dass der öffentliche Auftraggeber die Beschaffungen mit **Steuergeldern** tätigt und die Bürgerinnen und Bürger einen Anspruch darauf haben, zu erfahren, wie und ob mit diesen Mitteln tatsächlich wirtschaftlich und sparsam umgegangen wurde.

Beispiel

Die Gemeinde G will auf einem Schulgelände Container als Interimsklassenzimmer aufstellen. Die allein in der Gemeinde für Vergaben zuständige Z ist sich nicht sicher, ob es sich hierbei um eine auszuschreibende Liefer- oder Dienstleistung oder um eine Bauleistung handelt. Sie erinnert sich jedoch, dass diese Frage problematisch sein könnte und die Entscheidung sehr wichtig für die Frage ist, welche Schwellenwerte zur Anwendung kommen und ob die Ausschreibung national oder europaweit durchzuführen ist.

Nach ausführlicher Recherche und Austausch mit Kolleginnen und Kollegen aus anderen Gemeinden entscheidet Z sich dafür, die Leistung als Bauleistung auszuschreiben. Entsprechend dem Transparenzgebot aus § 97 I GWB dokumentiert Z den gesamten Prozess ihrer Entscheidungsfindung und wäre dadurch imstande jederzeit ihre Entscheidung nachvollziehbar rechtfertigen zu können.

Die Einhaltung des Transparenzgebotes durch die ausführliche Dokumentation ist daher von großem Vorteil.

Wirtschaftlichkeitsgebot

Aufgrund der Verpflichtung des Staates wirtschaftlich und sparsam mit Steuergeldern umgehen zu müssen, ist es nur konsequent, dass das **Wirtschaftlichkeitsgebot** einen wichtigen zu beachtenden allgemeinen Grundsatz des Vergaberechts nach § 97 Abs. 1 Satz 2 GWB darstellt.

Wichtig ist hierbei, dass mehrere Aspekte bei der Beurteilung, ob das Wirtschaftlichkeitsgebot beachtet wurde, zu berücksichtigen sind. Denn hierbei kommt es gerade **nicht** nur auf den Preis an.

Stattdessen bestimmt sich das wirtschaftlichste Angebot nach dem besten **Preis-Leistungs-Verhältnis.** Dies ist explizit in § 127 Abs. 1 GWB geregelt. Hiernach wird der Zuschlag auf das **wirtschaftlichste Angebot** erteilt, wobei die Grundlage hierfür eine Bewertung des öffentlichen Auftraggebers dahingehend ist, ob und inwieweit das Angebot die vorgegebenen **Zuschlagskriterien** erfüllt. Zu der Ermittlung des besten Preis-Leistungs-Verhältnisses können neben den Kosten auch **qualitative, umweltbezogene oder soziale Aspekte** berücksichtigt werden.

Das Wirtschaftlichkeitsgebot stellt auf das beste Preis-Leistungs-Verhältnis ab.

Neben den Kosten können u. a. auch qualitative, umweltbezogene oder soziale Aspekte berücksichtigt werden.

Verhältnismäßigkeitsgebot

Das **Verhältnismäßigkeitsgebot** in § 97 Abs. 1 Satz 2 GWB wurde mit der Vergaberechtsreform 2016 Bestandteil der Vergabegrundsätze. Entsprechend dem in der Bundesrepublik Deutschland geltenden Rechtsstaatsprinzip müssen Maßnahmen **geeignet, erforderlich und angemessen** sein.

Relevant ist das Verhältnismäßigkeitsprinzip im Vergabeprozess beispielsweise im Zusammenhang mit Leistungsbeschreibungen, in denen besondere Anforderungen an die potentiellen Bieter gestellt werden. Sind die Anforderungen nicht durch die zu erbringende Leistung gerechtfertigt, können diese als ungeeignet, nicht erforderlich oder unangemessen und damit unverhältnismäßig eingestuft werden.

> *Beispiel*
> *Der Bund sucht zwecks Verwirklichung eines umweltschonenden und schnellen internen Kommunikationsverkehrs im Regierungsviertel Fahrradkuriere. In der Ausschreibung wird der Besitz eines PKW- und eines LKW-Führerscheins vorausgesetzt, um dadurch die besonderen Kenntnisse der Verkehrsregeln nachweisen zu können.*
>
> *Eine solche Anforderung wäre unverhältnismäßig, da der Besitz dieser Führerscheine für die auszuübende Tätigkeit als Fahrradkurier nicht erforderlich ist. Der Nachweis der für diese Tätigkeit erforderlichen Kenntnisse ist auch in anderer Art und Weise möglich, sodass dann mehreren potentiellen Bietern die Möglichkeit eröffnet wird, ein Angebot abzugeben, um den Zuschlag für die Erbringung der Leistung zu erhalten.*

Gleichbehandlungsgebot

Nach § 97 Abs. 2 GWB sind die Teilnehmenden an einem Vergabeverfahren **gleich** zu behandeln. Durch diesen Grundsatz wird auch der Wettbewerbsgedanke des Vergaberechts unterstützt. Eine Ungleichbehandlung ist nur rechtlich zulässig, wenn diese ausnahmsweise sachlich gerechtfertigt ist.

Berücksichtigung besonderer Aspekte

Nach § 97 Abs. 3 GWB sind seit der Vergaberechtsreform 2016 explizit ebenfalls **Aspekte der Qualität und der Innovation sowie soziale und umweltbezogene Aspekte** nach Maßgabe des 4. Teils des GWB zu berücksichtigen.

Hierdurch wird ermöglicht, auch vergabefremde Aspekte zu berücksichtigen, wenn diese Kriterien Bestandteil der Leistungsbeschreibung sind und der Auftragsgegenstand die Forderung der Erfüllung dieser Kriterien rechtfertigt.

> *Beispiel*
> *Die Stadt S will für ihre Schulen Sportbälle beschaffen. In den Vergabeunterlagen werden die Bieter aufgefordert, nur Produkte anzubieten, die aus fairer Produktion stammen.*
>
> *Selbst wenn diese Produkte höherpreisig sind, ermöglicht dieser Vergabegrundsatz auch die Entscheidung des öffentlichen Auftraggebers, Produkte zu beschaffen, die unter Berücksichtigung besonderer sozialer Aspekte hergestellt wurden, sofern der Preis nicht völlig unverhältnismäßig ist. Denn der Preis ist bei jeder Vergabe zumindest anteilig zu berücksichtigen.*

Mittelstandsförderung

§ 97 Abs. 4 GWB regelt, dass die **mittelständischen Interessen** bei der Vergabe öffentlicher Aufträge besonders zu berücksichtigen sind.

Hierbei ist zu beachten, dass es sich um die **Förderung des Mittelstandes** und gerade **nicht** etwa um die Förderung lokaler Unternehmer handelt. Denn einer Privilegierung lokaler Unternehmen stünde der Wettbewerbsgrundsatz entgegen, dessen Beachtung dann gerade nicht mehr gewährleistet würde.

Die Förderung des Mittelstandes kann jedoch im Ergebnis dazu führen, dass hierdurch gleichzeitig der **Wettbewerb** negativ beeinflusst und ggf. sogar negative Auswirkungen auf die Umsetzung des **Wirtschaftlichkeitsgebotes** eine mögliche Folge sein kann. Denn die Vergabe an mehrere mittelständische Unternehmen statt an ein großes Unternehmen führt häufig – etwa aufgrund des Koordinationsbedarfs durch den Auftraggeber – zumindest zur Entstehung eines erhöhten Personalaufwandes. Dieser Umstand ist jedoch vom Gesetzgeber so gewollt und die **widerstreitenden Intentionen** der unterschiedlichen allgemeinen Vergabegrundsätze sind unter Berücksichtigung der Beschaffungsinteressen **bestmöglich miteinander in Einklang zu bringen.**

Praxistipp

In vielen Fallkonstellationen kann es vorkommen, dass die Intentionen der einzelnen Vergabegrundsätze sich ggf. sogar wiedersprechen können. Hierbei sind die widerstreitenden Intentionen zu dokumentieren, bestmöglich auszugleichen und die Intention des Sinns und

Zwecks der Ausschreibung auszulegen und eine angemessene Gewichtung der einzelnen Kriterien vorzunehmen.

Schreibt der Auftraggeber beispielsweise ein Bauprojekt aus, so ist er nach § 97 IV 2 GWB in der Regel verpflichtet, die einzelnen Leistungen in sog. Lose zu unterteilen. Auch wenn die Vergabe der Gesamtleistung an einen Generalunternehmer wesentlich weniger Aufwand für den Auftraggeber bedeutete und damit weniger Kosten entstünden, hat sich der Gesetzgeber dazu entschieden, den Mittelstand dennoch hierdurch fördern zu wollen.

Es empfiehlt sich daher, die bestehenden Bedenken aufgrund der widerstreitenden Intentionen der Vergabegrundsätze in dem konkreten Vergabeverfahren zu dokumentieren und die Entscheidung besonders zu begründen.

Geeignetheit der Bieter

Nach § 122 Abs. 1 GWB werden öffentliche Aufträge an *geeignete* Unternehmen vergeben. Der Begriff der *geeigneten* Unternehmen ist in dieser Vorschrift legaldefiniert. Hiernach müssen Unternehmen **fachkundig** und **leistungsfähig** sein.

Exkurs

An vielen Stellen der verschiedenen Vorschriften zum Vergaberecht wird die Eignung der Bieter explizit vorausgesetzt. Auf diese Vorschriften soll später noch detailliert eingegangen werden.

Da die allgemeinen Vergabegrundsätze bei allen Vergabeverfahren von besonderer Relevanz sind, soll diese Checkliste dem Überblick in der Praxis dienen:

Checkliste	
Vergabegrundsatz beachtet?	✓
Wettbewerbsprinzip (§ 97 I GWB)	
Transparenzgebot (§ 97 I GWB)	
Wirtschaftlichkeitsgebot (§§ 97 I, 127 I GWB)	
Verhältnismäßigkeitsgebot (§ 97 I GWB)	
Gleichbehandlungsgebot (§ 97 II GWB)	
Berücksichtigung Aspekte der Qualität, Innovation, soziale und umweltbezogene Aspekte (§ 97 III GWB)	
Mittelstandsförderung (§§ 97 IV GWB)	
Geeignetheit der Bieter (§ 122 GWB)	

Aufbau des Vergaberechts

Im Vergaberecht wird zwischen **nationalen und europaweiten Vergaben** unterschieden. Entscheidend ist hierbei die Höhe des durch den **Auftraggeber** vor Einleitung des Vergabeverfahrens geschätzten Wertes des zu vergebenden Auftrags, des sog. **Auftragswertes.**

Erreicht oder überschreitet dieser Auftragswert den jeweils anwendbaren **Schwellenwert,** der alle zwei Jahre von der EU angepasst und veröffentlicht wird, so ist ein Auftrag **europaweit** auszuschreiben. Für diese Vergaben ist die Einhaltung der gesetzlichen Vergabevorschriften zwingend notwendig.

Unterschreitet der geschätzte Auftragswert die relevanten EU-Schwellenwerte, so kann eine **nationale Vergabe** erfolgen, die sich nach verschiedenen anderen speziellen Vorschriften richtet.

Sowohl auf die Berechnung des Auftragswertes, die Schwellenwerte als auch die unterschiedlichen Vorschriften soll im Folgenden detailliert eingegangen werden.

Regelungen Europaweite Vergaben

Erreicht oder überschreitet der geschätzte Auftragswert den Schwellenwert, so ist das Verfahren **europaweit** auszuschreiben. Die rechtlichen Vorschriften zur Durchführung europaweiter Vergaben gelten für alle Mitgliedstaaten der EU entsprechend der verschiedenen erlassenen EU-Richtlinien, die von den Mitgliedstaaten jeweils fristgerecht in nationales Recht umzusetzen waren.

Im Jahr 2014 fand die letzte große **europaweite Vergaberechtsreform** statt, zu deren Umsetzung in nationales Recht die Mitgliedstaaten bis 2016 verpflichtet waren.

Im Vergaberecht gilt das sog. **Kaskadenprinzip.** In jeweils nachrangigen Vorschriften werden höherrangige Vorschriften näher konkretisiert und auf diese teilweise verwiesen. Dies führt zu einer Vielzahl verschiedener anwendbarer Vorschriften und teilweise mehrfacher Regelungen mit unterschiedlicher Regelungstiefe.

EU-Richtlinien

Im Zuge der Vergaberechtsreform wurden verschiedene EU-Richtlinien verabschiedet, deren Regelungsgegenstände unterschiedlich waren. Die für allgemeinen Vergaben in der Praxis wichtigste Richtlinie ist die **Richtlinie 2014/24/EG für die Vergabe von Bau-, Liefer- und Dienstleistungen durch allgemeine öffentliche Auftraggeber.**

Da EU-Richtlinien grundsätzlich nicht unmittelbar in den EU-Mitgliedstaaten zur Anwendung kommen, sondern es einer Umsetzung in nationales Recht bedarf, soll hier nicht näher auf die Inhalte der einzelnen EU-Richtlinien eingegangen werden, sondern der Fokus auf die in der Bundesrepublik Deutschland geltenden nationalen Regelungen gelegt werden.

Exkurs

Übersicht über wichtige EU-Richtlinien:

- RL 2014/24/EG
  Vergabe von Bau-, Liefer-, Dienstleistungen durch öffentliche Auftraggeber

- RL 2014/25/EG
  Vergabe von Bau-, Liefer-, Dienstleistungen und Postdienste durch Sektorenauftraggeber
- RL 2014/23/EG
  Vergabe von Konzessionen (im Bereich Bau- und Dienstleistungen)
- RL 2009/81/EG
  Öffentliche Aufträge im Bereich der Sicherheit und Verteidigung

Gesetz gegen Wettbewerbsbeschränkungen (GWB)

Auf Bundesebene wurde die RL 2014/24/EU im 4. Teil des **Gesetzes gegen Wettbewerbsbeschränkungen** (GWB) umgesetzt.

Die Änderungen des bis dahin geltenden GWB befinden sich im Vergaberechtsmodernisierungsgesetz von 2016, durch welches das GWB im Vergleich zu vor der Vergaberechtsreform erheblich erweitert wurde.

Dieser 4. Teil des GWB enthält u. a. viele Begriffsbestimmungen des Vergaberechts, wie beispielsweise in § 99 GWB den **öffentlichen Auftraggeber,** in § 100 GWB den **Sektorenauftraggeber,** in § 101 GWB den **Konzessionsgeber**, in § 102 GWB die **Sektorentätigkeit,** in § 103 GWB **öffentliche Aufträge, Rahmenvereinbarungen und Wettbewerbe** etc.

In § 106 GWB sind die **Schwellenwerte** und der **Anwendungsbereich** des 4. Teil des GWB geregelt. Hiernach gilt dieser Teil des Gesetzes für die Vergabe von öffentlichen Aufträgen, Konzessionen sowie die Ausrichtung von Wettbewerben, **deren geschätzter Auftrags- oder Vertragswert ohne Umsatzsteuer die jeweils festgelegten Schwellenwerte erreicht oder überschreitet.** Hinsichtlich des Anwendungsbereichs des Gesetzes enthält § 107 GWB zahlreiche **allgemeine Ausnahmen** und § 116 GWB **besondere Ausnahmen.**

Praxistipp

Vor der Einleitung eines Vergabeverfahrens sollte stets geprüft werden, ob allgemeine oder besondere Ausnahmen vorliegen, die zur Nichtanwendung des Vergaberechts führen.

Sollten Ausnahmen vom Anwendungsbereich des Vergaberechts vorliegen, ist es sinnvoll, die Überlegungen hierzu und die rechtliche Einordnung sorgfältig zu dokumentieren.

Auch wenn die durchzuführende Beschaffung sich dann ausnahmsweise nicht nach den vergaberechtlichen Vorschriften richtet, sind dennoch die haushaltsrechtlichen Vorschriften – wirtschaftlicher und sparsamer Umgang mit Steuergeldern – zu beachten.

§ 113 GWB enthält eine **Verordnungsermächtigung,** wonach die Bundesregierung ermächtigt wird, durch Rechtsverordnung mit Zustimmung des Bundesrates die Einzelheiten zur Vergabe von öffentlichen Aufträgen und Konzessionen sowie zur Ausrichtung von Wettbewerben zu regeln. Die unten dargestellte **Vergabeverordnung** wurde aufgrund dieser Verordnungsermächtigung erlassen.

Exkurs

Mit Ausnahme von Bayern haben alle Bundesländer eigene Landesvergabegesetze erlassen. An diese Vorschriften sind die Landes- und Kommunalverwaltungen gebunden. Auf diese Gesetze soll in diesem Format jedoch nicht weiter eingegangen werden. Eine Beschäftigung mit den landesrechtlichen Vorschriften ist in der Praxis jedoch empfehlenswert.

Vergabeverordnung (VgV)

Von der Verordnungsermächtigung des § 113 GWB wurde durch den Erlass der *Verordnung über die Vergabe öffentlicher Aufträge* **(Vergabeverordnung – VgV)** Gebrauch gemacht. Hierin werden die im GWB eher allgemein gehaltenen Regelungen erheblich konkretisiert.

§ 1 Abs. 1 VgV definiert den Gegenstand und Anwendungsbereich der Verordnung. Hiernach trifft die Verordnung nähere Bestimmungen über das einzuhaltende Verfahren bei denen dem Teil 4 des GWB unterliegenden Vergaben von öffentlichen Aufträgen und bei der Ausrichtung von Wettbewerben durch den öffentlichen Auftraggeber.

Demzufolge findet die Vergabeverordnung nur auf Aufträge Anwendung, deren geschätzter Auftragswert die nach § 106 GWB jeweils anwendbaren Schwellenwerte erreichen oder überschreiten und nicht ausnahmsweise vom Anwendungsbereich des GWB ausgenommen sind.

Exkurs

§ 1 Abs. 2 VgV enthält Ausnahmen für den Anwendungsbereich, die sich auf den Sektorenbereich, verteidigungs- oder sicherheitsspezifische öffentliche Aufträge und Konzessionen beziehen. Grund für diese Ausnahmen ist, dass diese Bereiche in anderen Verordnungen speziell geregelt wurden:

- Sektorenverordnung (SektVO)
- Vergabeverordnung Verteidigung und Sicherheit (VSVgV) – Bauleistungen (VOB/A-VS)
- Konzessionsvergabeverordnung (KonzVgV)

Außerdem sind in der Verordnung zur Statistik über die Vergabe öffentlicher Aufträge und Konzessionen (Vergabestatistikverordnung – VergStatVO) die Pflichten zur Übermittlung der Daten an das Bundesministerium für Wirtschaft und Energie geregelt.

Mit dem Erlass der Vergabeverordnung entfielen für den überschwelligen Bereich der bis dahin geltende 2. Abschnitt der Vergabe- und Vertragsordnung für Leistungen (VOL/A EG) sowie die Vergabeordnung für freiberufliche Leistungen (VOF). Diese Regelungsgegenstände sind seitdem in der VgV geregelt.

Vergabe- und Vertragsordnung für Bauleistungen (VOB/A-EU)

Auch nach der Vergaberechtsreform blieben die speziellen Regelungen zur Vergabe von **Bauleistungen** – in überarbeiteter Form – bestehen. Daher existiert weiterhin neben der Vergabeverordnung speziell für die Vergabe von Bauleistungen noch die **Vergabe- und Vertragsordnung für Bauleistungen** (VOB – Teil A), die vom Vergabe- und Vertragsausschuss für Bauleistungen beschlossen wurde.

Die **VOB/A** ist in zwei Abschnitte aufgeteilt. Während der Abschnitt 1 der VOB (VOB/A) die nationalen Vergaben betrifft, regelt der Abschnitt 2 **(VOB/A-EU)** die EU-weiten Vergaben. Dies ergibt sich aus dem Anwendungsbereich nach § 1 Abs. 2 VOB/A-EU.

Exkurs

Die Vorschriften der VOB in den Teilen B und C (VOB/B, VOB/C) werden auch als AGB der öffentlichen Hand bezeichnet.

Nach § 1 Abs. 1 VOB/A-EU sind diese Vorschriften auf **Bauverträge** anzuwenden, die dort näher definiert werden. Ergänzend findet nach § 2 VgV für die Vergabe von Bauaufträgen die Vergabeverordnung in dem dort festgelegten eingeschränkten Rahmen vorrangig im Verhältnis zu den Regelungen der VOB/A-EU Anwendung.

Die übrigen Vorschriften der Vergabeverordnung sind bei der Vergabe von Bauleistungen jedoch nicht heranzuziehen.

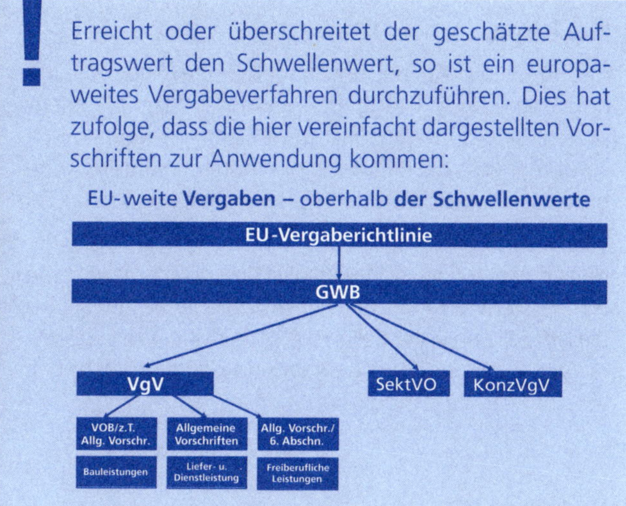

Regelungen Nationale Vergaben

Unterschreitet der geschätzte Auftragswert den Schwellenwert, so ist das Verfahren **national** auszuschreiben. Die meisten in der Bundesrepublik Deutschland durchgeführten Vergaben von Bau-, Liefer- und Dienstleistungsaufträgen sind in diesem unterschwelligen Bereich angesiedelt.

Für nationale Vergaben finden andere Vorschriften als für die europaweiten Vergaben Anwendung. Die Vorschriften zu EU-weiten Vergaben finden auf nationale Vergaben keine Anwendung. Denn der Anwendungsbereich umfasst, wie sich aus den bereits oben zitierten Vorschriften ergibt, Vergaben ab Erreichen des Schwellenwertes.

Praxistipp

Häufig ist die Anzahl der eingehenden Angebote geringer als vom Auftraggeber gewünscht. Daher kann es sinnvoll sein, freiwillig eine europaweite Vergabe durchzuführen, um so die Chance zu erhöhen, mehrere Angebote zu erhalten. Gerade in grenznahen Regionen kann diese Vorgehensweise erfolgversprechend sein.

Nach herrschender Auffassung ist dies grundsätzlich möglich. Es steht dem öffentlichen Auftraggeber frei, auch in diesem Fall den potentiellen Bieterkreis durch eine EU-weite Ausschreibung zu erweitern und dadurch noch mehr Wettbewerb zu ermöglichen.

Haushaltsrecht

Gesetzliche Grundlagen für nationale Vergaben von Bau-, Liefer- und Dienstleistungsaufträgen sind die **Bundeshaushaltsordnung** auf Bundesebene **(BHO)**, auf Landesebene die jeweiligen **Landeshaushaltsordnungen (LHO)** und auf kommunaler Ebene die **Gemeindeordnungen (GO)**.

In den Haushaltsordnungen sind u. a. die **Wirtschaftlichkeit und Sparsamkeit** des Verwaltungshandelns festgelegt. Ferner finden sich dort Regelungen, welche Art von Vergabeverfahren im Zweifel durchzuführen ist.

Beispiel

Die Gemeinde G möchte gerne eine Informationsveranstaltung anlässlich eines geplanten Bauvorhabens durchführen. Hierzu sollen kleine mobile Informationsständer in der Gemeinde aufgestellt werden, ohne dass es hierfür einer Montage bedarf. Die Formate entsprechen dem Standard und sind überall sehr kostengünstig erhältlich.

Lässt sich die Gemeinde nun hochpreisige Informationsständer individuell anfertigen, um das örtlich ansässige Gewerbe zu unterstützen, so verstößt dies gegen die haushaltsrechtlichen Vorschriften und außerdem gegen die auch im Unterschwellenbereich geltenden allgemeinen Vergabegrundsätze.

Die Bevorzugung örtlicher Unternehmen ist aufgrund des allgemein geltenden Wettbewerbsprinzips generell unzulässig. Denn diese Vorgehensweise würde dem Sinn und Zweck des Vergaberechts widersprechen, durch welches u. a. der Wettbewerb gefördert und die Wirtschaftlichkeit des Handelns öffentlicher Auftraggeber sichergestellt werden soll.

Unterschwellenvergabeordnung (UVgO)

Nachdem 2016 die Regelungen für die überschwelligen europaweiten Vergaben in Kraft getreten waren, erfolgte 2017 eine Angleichung der Regelungen für nationale Vergaben in Form der **Unterschwellenvergabeordnung (UVgO).** Diese wurde von einer Arbeitsgruppe aus Vertretern des Bundeswirtschaftsministeriums und der Bundesänder entwickelt.

Der Anwendungsbereich der Unterschwellenvergabeordnung ist in § 1 Abs. 1 UVgO geregelt. Hierin befinden sich nähere Bestimmungen über das einzuhaltende Verfahren bei der Vergabe von öffentlichen **Liefer- und Dienstleistungsaufträgen** und **Rahmenvereinbarungen**, die nicht dem 4. Teil des GWB unterliegen, weil ihr geschätzter Auftragswert den **Schwellenwert unterschreitet.**

In den meisten Bundesländern kamen bis zur Vergaberechtsreform der Abschnitt 1 der Vergabe- und Vertragsordnung für Leistungen (VOL) sowie die jeweils in den Bundesländern geltenden landesspezifischen Vergabegesetze zur Anwendung.

Im Unterschwellenbereich besteht grundsätzlich eine **größere Freiheit** hinsichtlich der Ausgestaltung und Durchführung der Vergabeverfahren, solange die haushaltsrechtlichen Vorschriften eingehalten werden.

Beispiel

Die Stadt S erlässt eine Vorschrift, wonach Direktaufträge bis zu einem voraussichtlichen Auftragswert von € 2.000 unter Berücksichtigung der Haushaltsgrundsätze der Wirtschaftlichkeit und Sparsamkeit ohne die Durchführung eines Vergabeverfahrens beschafft werden können.

Hierbei handelt es sich um eine Abweichung von der Regelung in § 14 UVgO, wonach ein Direktauftrag bis zu einem voraussichtlichen Auftragswert bis € 1.000 möglich ist.

Dies ist zulässig, da die Anwendung der UVgO den öffentlichen Auftraggebern freisteht und abweichende Regelungen getroffen werden können. Dies ist aufgrund des fehlenden Gesetzescharakters der Unterschwellenvergabeordnung möglich.

Die Unterschwellenvergabeordnung erlangte **nicht automatisch** mit ihrer Veröffentlichung Geltung. Stattdessen war es erforderlich, dass der Bund, die Bundesländer und die Kommunen jeweils die verbindliche Anwendung der UVgO beschließen. Der Bund und die meisten Bundesländer haben dies inzwischen getan und die Bundesländer haben die Anwendung der UVgO ihren jeweiligen Kommunen empfohlen. Nur vereinzelt wird noch der 1. Abschnitt der VOL weiterhin angewendet.

Praxistipp

Vor der Vergabe im Unterschwellenbereich sollte überprüft werden, ob die UVgO für anwendbar erklärt wurde. Häufig existieren in den Kommunen zusätzlich besondere Regelungen, etwa durch Stadtratsbeschluss.

Ein Austausch mit anderen innerhalb der Organisation mit Vergaben befassten Personen oder eine Recherche interner Bekanntmachungen, Intranetseiten etc. ist hierbei häufig sinnvoll und hilfreich.

In § 2 UVgO werden die **Vergabegrundsätze** überwiegend wiederholt, die gem. § 97 GWB im überschwelligen Bereich Anwendung finden.

Ferner sind die Regelungen der UVgO sehr dicht an die Regelungen im überschwelligen Bereich angelehnt. Teilweise verweist die UVgO sogar auf die Geltung verschiedener Vorschriften des GWB, wie beispielsweise in § 31 UVgO im Rahmen der Eignungsprüfung, indem die Ausschlussgründe der §§ 123, 124 GWB entsprechend Anwendung finden.

VOB/A – Abschnitt 1

Der Abschnitt 1 der Vergabe- und Vertragsordnung für Bauleistungen **(VOB/A)** findet auf die Vergaben von Bauleistungen im unterschwelligen Bereich Anwendung. § 1 VOB/A definiert **Bauleistungen** als Arbeiten jeder Art, durch die bauliche Anlagen hergestellt, instandgehalten, geändert oder beseitigt werden.

Die VOB/A enthält Regelungen zu den einzelnen Vergabegrundsätzen, Verfahrensarten und auch sonstige Regelungen, die eine große Ähnlichkeit zu den allgemein geltenden Vergaberechtsvorschriften aufweisen. Hierbei sind die Vorschriften jedoch speziell auf die Vergabe im Baubereich abgestimmt.

Obgleich aufgrund der größeren Freiheit im Unterschwellenbereich unter Beachtung der Haushaltsgrundsätze die Anwendbarkeit dieser Vorschriften dem Bund und den Bundesländern freisteht, wird die VOB einheitlich bundesweit angewendet.

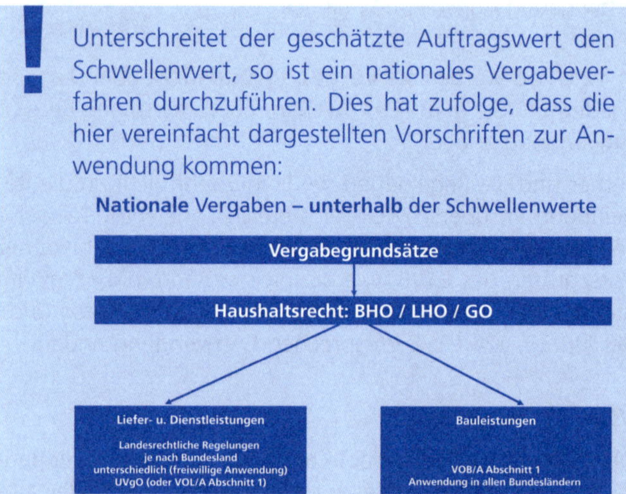

Schwellenwerte und Auftragswert

Die **Schwellenwerte** stellen die für ganz Europa geltende Betragsgrenze dar, ab denen die Mitgliedstaaten der EU **verpflichtet** sind, Beschaffungen nach den europaweit einheitlich geltenden Mindestvorschriften durchzuführen.

Schwellenwerte

Wie bereits ausführlich dargestellt wurde, wurden die vergaberechtlich relevanten EU-Richtlinien im 4. Teil des **Gesetzes gegen Wettbewerbsbeschränkungen** in nationales Recht umgesetzt. Diese gesetzlichen Vorschriften werden durch die **Vergabeverordnung** konkretisiert.

Nach § 106 Abs. 1 GWB findet der 4. Teil des GWB Anwendung, wenn der **geschätzte Auftrags- oder Vertragswert ohne Umsatzsteuer,** die jeweils festgelegten **Schwellenwerte erreicht oder überschreitet.** Diese Schwellenwerte werden alle zwei Jahre mit Wirkung zu den jeweils geraden Jahren (2022, 2024, …) gemäß § 106 Abs. 2 GWB durch die darin genannten EU-Richtlinien angepasst. Entsprechend dem Wortlaut dieser Vorschrift – „aus (…) der Richtlinie (…)/EU *in der jeweils geltenden Fassung*" – **gelten die Anpassungen der Schwellenwerte unmittelbar,** ohne dass es eines weiteren Umsetzungsaktes bedarf.

Entscheidend für die Beurteilung, ob eine europaweite Ausschreibung zu erfolgen hat, ist, ob der geschätzte Auftragswert ohne Umsatzsteuer den jeweils anwendbaren Schwellenwert erreicht oder überschreitet.

Hierbei ist der Auftragswert ohne Umsatzsteuer maßgeblich, da in allen EU-Mitgliedstaaten unterschiedliche Steuersätze gelten und nur so sichergestellt werden kann, dass europaweit gleiche und vergleichbare Standards gelten.

Je nach zu vergebender Leistung gelten unterschiedliche Schwellenwerte. Während für die **Vergabe von Liefer- und Dienstleistungen und freiberufliche Leistungen** der Schwellenwert in den letzten Jahren regelmäßig *über € 200.000* und im **Sektorenbereich für Liefer- und Dienstleistungen** *über € 400.000* betrug, wurde der Schwellenwert bei den **Bauleistungen** in den letzten Jahren immer auf *über € 5 Mio.* einheitlich festgelegt. Für **soziale und besondere Dienstleistungen** nach § 130 GWB betrug der Schwellenwert seit der Vergaberechtsreform stetig *€ 750.000.*

Praxistipp

Hier können die jeweils aktuellen Schwellenwerte ergänzt werden, die im Amtsblatt der EU veröffentlicht werden:

Jahr	Liefer- und Dienstleist. (VgV)	Freiberufl. Leistungen (VgV)	Bauleistungen (VOB/A-EU)
2022	€ 215.000	€ 215.000	€ 5.382.000
2024	€	€	€
2026	€	€	€
2028	€	€	€

Schätzung des Auftragswertes

Relevant für die **Auftragswertschätzung** ist § 3 VgV. Nach § 3 Abs 1 VgV ist vom **voraussichtlichen Gesamtwert** der vorgesehenen Leistung **ohne Umsatzsteuer** auszugehen.

Maßgeblicher Zeitpunkt für die Schätzung des Auftragswertes ist nach § 3 Abs. 3 VgV der Tag, an dem die **Auftragsbekanntmachung** abgesendet wird oder das **Vergabeverfahren** auf sonstige Weise **eingeleitet** wird.

Praxistipp

Häufig vergeht in der Praxis zwischen der ursprünglichen Schätzung des Auftragswertes und der Veröffentlichung der Ausschreibung eine geraume Zeit.

Es ist daher empfehlenswert, sich kurz vor der Veröffentlichung nochmals zu vergewissern, dass keine gravierenden Marktveränderungen etwa in Form von Preissteigerungen oder -senkungen ergangen sind und deswegen ggf. eine Anpassung des geschätzten Auftragswertes vorzunehmen ist.

Bei der Schätzung des Auftragswertes sind nach § 3 Abs. 1 S. 2 VgV auch etwaige **Optionen** und **Vertragsverlängerungen** zu berücksichtigen. Entsprechend dem Grundsatz der Mittelstandsförderung nach § 97 Abs. 4 GWB sind die Auftraggeber dazu angehalten, Leistungen **losweise** zu vergeben. Leistungen sind nach § 97 Abs. 4 S. 2 GWB in der Menge aufgeteilt (sog. **Teillose**) und getrennt nach Art oder Fachgebiet (sog. **Fachlose**) zu vergeben. § 3 Abs. 7 VgV stellt insofern eine hierzu korrespondierende Regelung dar, wonach der geschätzte **Gesamtwert aller Lose** maßgeblich ist.

Soll eine **Rahmenvereinbarung** nach § 3 Abs. 4 VgV abgeschlossen werden, so wird der Wert dieser Rahmenvereinbarung auf der Grundlage des geschätzten **Gesamtwertes aller Einzelaufträge** berechnet, die während der **gesamten Laufzeit** dieser Vereinbarung geplant sind.

Praxistipp

Der Abschluss von Rahmenvereinbarungen (Rahmenverträgen) kann sinnvoll sein, wenn es sich um Leistungen handelt, welche der öffentliche Auftraggeber regelmäßig benötigt. Dann sind die Leistungen nicht jeweils einzeln, sondern eine Rahmenvereinbarung über das gesamte geschätzte Volumen der innerhalb der Laufzeit voraussichtlich abzurufenden Leistungen auszuschreiben.

In der Praxis werden solche Rahmenvereinbarungen beispielsweise über Büromöbel oder Büroartikel, wie Stifte, Papier, Briefumschläge etc. abgeschlossen.

Der Aufwand für die Beschaffung besteht dann nur bei Abschluss der Rahmenvereinbarung, die im Wege eines Vergabeverfahrens unter Berücksichtigung der vergaberechtlichen Vorschriften abgeschlossen wird. Aus dieser Rahmenvereinbarung können die Leistungen dann bei Bedarf vom öffentlichen Auftraggeber jeweils, ohne dass es einer Durchführung einzelner weiterer Vergabeverfahren bedarf, *abgerufen* werden.

Da gegenüber dem Auftragnehmer die Abnahme eines geschätzten Volumens in Aussicht gestellt wird, kann dieser häufig attraktive Konditionen anbieten, sodass dadurch die Wirtschaftlichkeit und Sparsamkeit der Beschaffung gewährleistet wird.

Zu beachten sind die Regelungen zur maximalen regelmäßigen Laufzeit der Rahmenvereinbarungen von vier Jahren im überschwelligen Bereich nach § 21 Abs. 6 VgV und von sechs Jahren im unterschwelligen Bereich nach § 15 Abs. 4 UVgO, sofern kein begründeter Sonderfall vorliegt.

Besonderheiten ergeben sich aus § 3 Abs. 10 VgV bezogen auf regelmäßig wiederkehrende Aufträge oder Verlängerungen von Daueraufträgen über Liefer- und Dienstleistungen.

Praxistipp

Es empfiehlt sich ein regelmäßiger Blick in die ausführlichen Vorschriften des § 3 VgV zur Schätzung des Auftragswertes bei jedem durchzuführenden Vergabeverfahren. Da jede Fallkonstellation unterschiedlich ist, können jeweils unterschiedlich spezielle Regelungen im Einzelfall einschlägig sein.

Von besonderer Relevanz ist hierbei **§ 3 Abs. 11 VgV,** wonach bei Aufträgen über Liefer- und Dienstleistungen, für die kein Gesamtpreis angegeben ist, für den geschätzten Auftragswert bei längerer Laufzeit **max. 48 Monaten** als Berechnungsgrundlage zum Ansatz kommen. Dies gilt selbst dann, wenn die tatsächliche Laufzeit länger geplant ist. Diese maximale zu berücksichtigende Laufzeit entspricht auch dem Zeitraum, der in § 21 Abs. 6 VgV als maximale Laufzeit für Rahmenvereinbarungen im Überschwellenbereich gesetzlich vorgesehen ist. Hierdurch soll die Intention der verschiedenen Vergabegrundsätze, einen ausreichenden Wettbewerb, auch durch Streuung, sicherzustellen, umgesetzt werden.

Beispiel

Die **Stadt A** *möchte einen Reinigungsvertrag für ein Verwaltungsgebäude mit einer* ***einjährigen Laufzeit*** *abschließen. Die Kosten für die Reinigung belaufen sich auf voraussichtlich € 100.000 p. a.*

Gemäß § 3 Abs. 11 Nr. 1 VgV beträgt der geschätzte Auftragswert € 100.000. Der Schwellenwert für Liefer- und Dienstleistungen ist nicht überschritten und die Leistung damit national auszuschreiben.

Die ***Stadt B*** *möchte einen Reinigungsvertrag für ein Verwaltungsgebäude mit einer* ***dreijährigen Laufzeit*** *abschließen. Die Kosten für die Reinigung belaufen sich auf voraussichtlich € 100.000 p. a.*
Gemäß § 3 Abs. 11 Nr. 1 VgV beträgt der geschätzte Auftragswert € 300.000. Der Schwellenwert für Liefer- und Dienstleistungen ist überschritten und die Leistung damit europaweit auszuschreiben.

Die ***Stadt C*** *möchte einen Reinigungsvertrag für ein Verwaltungsgebäude mit einer* ***fünfjährigen*** *Laufzeit abschließen. Die geschätzten Kosten für die Reinigung belaufen sich auf voraussichtlich € 100.000 p. a.*
Gemäß § 3 Abs. 11 Nr. 2 VgV ist der geschätzte Auftragswert in Höhe von € 400.000 maßgeblich, da lediglich 48 Monate bei der Berechnung des geschätzten Auftragswertes zum Ansatz kommen, obgleich die geplante Laufzeit länger als vier Jahre sein soll. Der Schwellenwert für Liefer- und Dienstleistungen ist überschritten und die Leistung damit europaweit auszuschreiben.

Die ***Stadt D*** *möchte einen Reinigungsvertrag für ein Verwaltungsgebäude mit einer* ***unbestimmten Laufzeit*** *abschließen. Die geschätzten Kosten für die Reinigung belaufen sich auf voraussichtlich € 100.000 p. a.*
Gemäß § 3 Abs. 11 Nr. 2 VgV beträgt der maßgebliche geschätzte Auftragswert € 400.000, da bei der unbestimmten Laufzeit des Vertrages maximal 48 Monate für die Berechnung des geschätzten Auftragswertes zum Ansatz kommen. Der Schwellenwert für Liefer- und Dienstleistungen ist überschritten und die Leistung damit europaweit auszuschreiben.

Bei der Schätzung des Auftragswertes ist stets zu beachten, dass gem. § 3 Abs. 2 VgV die Wahl der Methode zur Berechnung des geschätzten Auftragswertes **nicht in der Absicht** erfolgen darf, die Anwendung der Bestimmungen des Teil 4 des Gesetzes gegen Wettbewerbsbeschränkungen oder die Vergabeverordnung **zu umgehen.**

Praxistipp

Je dichter bei der Schätzung des Auftragswertes der Betrag an den jeweils anwendbaren Schwellenwert heranreicht, umso genauer ist zu dokumentieren, weshalb die Schätzung gerade nicht dazu führt, dass der Schwellenwert erreicht oder überschritten wurde und als Konsequenz eine europaweite Vergabe durchzuführen ist.

Durch eine lückenlose nachvollziehbare Dokumentation kann der eventuell bestehende Verdacht einer unzulässigen Umgehung der vergaberechtlichen Vorschriften entkräftet werden.

Die nach § 3 Abs. 3 VgV im Zeitpunkt der Auftragsbekanntmachung durchgeführte Schätzung ist für die **Entscheidung,** ob ein nationales oder ein europaweites Vergabeverfahren durchgeführt wird, **bindend.** Sind die dann tatsächlich eingegangenen Angebotspreise höher als die Schätzungen des Auftraggebers und erreichen oder überschreiten diese sogar die relevanten Schwellenwerte, so hat dies dennoch **keine Auswirkungen** auf die gewählte Verfahrensart. Die im Vorfeld gut dokumentierte Entscheidung **bedarf keiner Anpassung.** Stattdessen kann das begonnene Vergabeverfahren in der ursprünglich geplanten Art und Weise fortgesetzt werden.

Der geschätzte Auftragswert ist maßgeblich für die Beurteilung, ob ein nationales oder europaweites Vergabeverfahren durchzuführen ist.

Erreicht oder überschreitet der geschätzte Auftragswert den maßgeblichen Schwellenwert, so ist ein EU-weites Vergabeverfahren durchzuführen.

Die Auftragswertschätzung ist in § 3 VgV detailliert geregelt.

Bei der Schätzung des Auftragswertes kommen nach § 3 Abs. 11 VgV maximal 48 Monate bei der Berechnung zum Ansatz.

Abgrenzung Vergabeverfahren

Um überhaupt eine Entscheidung treffen zu können, ob ein **nationales oder europaweites Vergabeverfahren** durchzuführen ist, ist zunächst einzuordnen, welche **Art von Leistung** der öffentliche Auftraggeber zu vergeben plant. Denn die **Schwellenwerte** für die Vergabe von Liefer- und Dienstleistungen und freiberufliche Leistungen sowie Bauleistungen **unterscheiden** sich hinsichtlich ihrer **Höhe** erheblich voneinander, wie bereits detailliert dargestellt wurde.

Praxistipp

Häufig ist gerade die Unterscheidung zwischen Dienst- und Bauleistungen nicht immer eindeutig. Auch bei dieser Entscheidungsfindung empfiehlt sich daher eine nachvollziehbare Dokumentation.

Liefer- und Dienstleistungen

Lieferaufträge sind nach § 103 Abs. 2 GWB Verträge zur Beschaffung von Waren in unterschiedlichen Vertragsformen, wie z. B. Kauf.

Im Auffangtatbestand des § 103 Abs. 4 GWB sind **Dienstleistungsaufträge** als solche Verträge definiert, die keine Liefer- oder Bauleistung darstellen.

Für die Vergabe von **Liefer- und Dienstleistungen** im **Oberschwellenbereich** findet die **Vergabeverordnung** Anwendung.

Für den **Unterschwellenbereich** ist in § 1 Abs. 1 UVgO geregelt, dass hierunter die **Liefer- und Dienstleistungen** fallen, die **nicht dem Teil 4 des GWB unterliegen,** weil der **Schwellenwert unterschritten** wird.

Bauleistungen

In § 103 Abs. 3 GWB werden **Bauaufträge** in Abgrenzung zu Liefer- und Dienstleistungen unter Bezugnahme verschiedener EU-Richtlinien näher definiert.

Nach § 1 VOB/A sind **Bauleistungen** Arbeiten jeder Art, durch die eine bauliche Anlage hergestellt, instandgehalten, geändert oder beseitigt wird. In der Regel liegt eine Bauleistung vor, wenn eine feste Verbindung mit dem Bauwerk oder dem Erdreich erfolgt.

Im **überschwelligen Bereich** finden das **GWB** und die **VgV** nur sehr eingeschränkt Anwendung, da die Vergabe von Bauleistungen im Überschwellenbereich speziell in der **VOB/A-EU** geregelt ist. Im **unterschwelligen** Bereich finden die speziellen Regelungen des **Abschnitts 1** der **VOB/A** Anwendung.

Freiberufliche Leistungen

Hinsichtlich der Qualifizierung als **freiberufliche Leistung** kann auf die einkommenssteuerrechtliche Einordnung in **§ 18 EstG** zurückgegriffen werden. Hierin sind die verschiedenen freiberuflichen Leistungen explizit benannt. Das Vergaberecht nimmt auf diese Einordnung Bezug und definiert außerdem in § 73 Abs. 1 VgV diese als solche Leistungen, die

nicht eindeutig und erschöpfend beschrieben werden können.

Im **Überschwellenbereich** sind die Vergaben von **Architekten- und Ingenieursleistungen** in **§§73ff. VgV** geregelt, nachdem die bis zur Vergaberechtsreform anwendbare Vergabeordnung für freiberufliche Leistungen (VOF) weggefallen ist.

Im **Unterschwellenbereich** finden sich Sonderregelungen zur Vergabe von **freiberuflichen Leistungen** in **§ 50 UVgO**. Während vor der Einführung der Unterschwellenvergabeordnung **keine** besonderen Vorschriften für die Vergabe freiberuflicher Leistungen vorhanden waren, sondern diese unter Berücksichtigung des Haushaltsrecht zu erfolgen hatte, sind diese Vergaben nunmehr speziell geregelt.

Beispiel
Die Stadt S plant, Schulcontainer auf einem Schulgelände aufzustellen. Bei der Schätzung des Auftragswertes und der Frage, ob die EU-Schwellenwerte erreicht oder überschritten sind, stellt sich die Frage, welche Art von Leistung vorliegt und welcher Schwellenwert damit Anwendung findet.

Variante 1:
Der Schulcontainer soll fest mit dem Erdboden verbunden werden. Es sollen Stromleitungen gelegt werden und ein Anschluss an die Wasserversorgung erfolgen. Diese in der Praxis aufgrund der vorgesehenen Nutzung erforderlichen Leistungen stellen feste Verbindungen mit dem Erdreich dar, die in der Regel als Bauleistungen zu qualifizieren sind. Damit sind die im Verhältnis zu Liefer- und Dienstleistungen höheren Schwellenwerte zu beachten.

Variante 2:
Die Stadt S stellt als Interimslösung einen Schulcontainer auf, der mit einem Kran auf dem Grundstück aufgestellt wird und der weder gesondert befestigt wird noch an die Wasserversorgung oder Stromversorgung angeschlossen wird. In diesem (in der Praxis eher ungewöhnlichen Fall) handelt es sich um eine Lieferleistung, bei der der erheblich niedrigere Schwellenwert zu beachten wäre.

Verfahrensarten

Nachdem die **Auftragswertschätzung** erfolgt ist und eine Entscheidung dahingehend getroffen werden kann, ob das **Vergabeverfahren national oder europaweit** auszuschreiben ist, muss seitens des Auftraggebers die korrekte **Verfahrensart** gewählt werden.

Die **Verfahrensarten** sind bei nationalen und europaweiten Verfahren **unterschiedlich ausgestaltet** und **benannt.**

Sowohl die Haushaltsordnungen des Bundes und der Bundesländer als auch die gesetzlichen Vorschriften zum europaweiten Vergabeverfahren sehen Regelungen vor, welche Verfahrensarten als Standardverfahren durchzuführen sind, um der Intention des Vergaberechts und den damit verbundenen Vergabegrundsätzen gerecht zu werden.

Die einschlägigen Vorschriften für die nationalen und europaweiten Vergaben sehen jedoch jeweils besondere Regelungen vor, wonach die Wahl weiterer Verfahrensarten **ausnahmsweise** gestattet wird. Im Rahmen dieser Verfahrensarten hat der Auftraggeber die Möglichkeit, einen kleineren Adressatenkreis potentieller Bieter zur Abgabe eines Angebots aufzufordern und damit das Verfahren mit einem geringeren Aufwand durchführen zu können.

Im Folgenden sollen die einzelnen **Verfahrensarten** näher beschrieben werden. Hierbei soll der Fokus jeweils auf die Vergabe von **Liefer- und Dienstleistungen** gerichtet werden und lediglich ergänzende Ausführungen zur Vergabe von Bauleistungen gemacht werden.

Beginnend mit den **nationalen Verfahrensarten** werden – unter Berücksichtigung des Umstandes, dass inzwischen überwiegend die **Unterschwellenvergabeordnung** zur Anwendung kommt – die einschlägigen Vorschriften der **UVgO** dargestellt.

Im Anschluss daran werden die **europaweiten Verfahrensarten** unter Nennung der relevanten Vorschriften des **GWB** und der **VgV** dargestellt.

Weshalb und wann diese Vorschriften jeweils zur Anwendung kommen, wurde bereits im *„Aufbau des Vergaberechts"* ausführlich erklärt.

Der folgende Praxistipp mit der Übersicht der verschiedenen Verfahrensarten soll das Verständnis, die Orientierung und die Anwendung in der Praxis erleichtern.

Praxistipp

Um sich in der Praxis gut orientieren zu können, ist es sinnvoll, sich einen Überblick über die verschiedenen Verfahrensarten zu verschaffen.

Verfahrensarten im Überblick

Nationale Vergabe (< Schwellenwert)	EU-weite Vergabe (≥ Schwellenwert)
Öffentliche Ausschreibung	Offenes Verfahren
Beschränkte Ausschreibung (mit/ohne TNW)	Nicht offenes Verfahren (mit TNW)
Verhandlungsvergabe (mit/ohne TNW)	Verhandlungsverfahren (mit/ohne TNW)
[§ 3 Nr. 3 VOB – freihändige Vergabe]	Wettbewerblicher Dialog
	Innovationspartnerschaft

TNW = Teilnahmewettbewerb

Nationale Vergaben

Bei den **nationalen Vergaben** sehen des Haushaltsrecht in der **Bundeshaushaltsordnung** (BHO) und in den **Landeshaushaltsordnungen** (LHO) die Berücksichtigung der Haushaltsgrundsätze in Form eines wirtschaftlichen und sparsamen Umgang mit Steuergeldern vor.

Nachdem nach der Vergaberechtsreform eine Anpassung der Vorschriften im unterschwelligen Bereich an die europaweiten Vorschriften erfolgen sollte, bedurfte es auch hinsichtlich der in der Regel durchzuführenden **Verfahrensarten** einer Anpassung der verschiedenen Haushaltsordnungen. Diese sehen seither vor, dass Auftraggebern bei Vergaben im unterschwelligen Bereich – den nationalen Vergaben – ein **Wahlrecht** zusteht, ob sie eine sog. **öffentliche Ausschreibung** oder eine sog. **beschränkte Ausschreibung mit Teilnahmewettbewerb** durchführen.

Nur **ausnahmsweise** ist es den öffentlichen Auftraggebern nach §8 Abs. 3 und 4 UVgO gestattet, **eine beschränkte Ausschreibung ohne Teilnahmewettbewerb** oder eine **Verhandlungsvergabe mit oder ohne Teilnahmewettbewerb** durchzuführen.

Im Abschnitt 2 *Vergabeverfahren* sind in dessen Unterabschnitt 1 die verschiedenen *Verfahrensarten* und deren Voraussetzungen detailliert in den **§§8ff. UVgO** geregelt. In §8 Abs. 1 und 2 UVgO werden die Verfahrensarten und deren Verhältnis zueinander einzeln benannt. In §8 Abs. 3 und 4 UVgO wird geregelt, wann welche Verfahrensarten unter welchen Voraussetzungen **ausnahmsweise** den Auftraggebern zur Verfügung stehen.

Entsprechend dem Wortlaut der § 8 Abs. 3 und 4 UVgO **kann** der Auftraggeber bei Vorliegen der Voraussetzungen die darin genannten Verfahrensarten wählen. Er ist hierzu jedoch nicht verpflichtet, da ihm die Verfahrensarten nach § 8 Abs. 2 UVgO stets, ohne dass es einer besonderen Begründung bedarf, nach seiner Wahl zustehen.

Öffentliche Ausschreibung

Nach § 8 Abs. 1 und 2 UVgO steht dem Auftraggeber die **öffentliche Ausschreibung** zur Verfügung. Vor Geltung der Unterschwellenvergabeordnung war dies das einzige Standardverfahren, welches der Auftraggeber in der Regel durchzuführen hatte, wenn nicht ausnahmsweise die Durchführung einer anderen Verfahrensart explizit zulässig war.

Gemäß § 8 Abs. 2 UVgO kann der Auftraggeber nun wählen, ob er eine **öffentliche Ausschreibung oder eine beschränkte Ausschreibung mit Teilnahmewettbewerb** durchführt.

Detailliert wird die öffentliche Ausschreibung in § 9 UVgO beschrieben. Nach § 9 Abs. 1 UVgO fordert der Auftraggeber eine **unbeschränkte Anzahl** von Unternehmen zur Abgabe von Angeboten auf und jedes interessierte Unternehmen kann ein Angebot abgeben. Diese öffentlichen Aufforderungen erfolgen in der Regel auf sog. Vergabeplattformen im Internet.

Eine Verhandlung nach Einreichung der Angebote ist zwischen den Beteiligten explizit nach § 9 Abs. 2 S. 1 UVgO **ausgeschlossen.**

Durch diese Vorgehensweise wird der Wettbewerb nach den Vergabegrundsätzen durch die Aufforderung eines unbeschränkten Adressatenkreises besonders sichergestellt.

Beschränkte Ausschreibung

Die **Beschränkte Ausschreibung** kann sowohl **mit** als auch **ohne Teilnahmewettbewerb (TNW)** durchgeführt werden.

Wird die beschränkte Ausschreibung **mit Teilnahmewettbewerb** durchgeführt, so bedarf es keiner besonderen Begründung für die Wahl dieser Verfahrensart. Aufgrund des bestehenden **Wahlrechts** nach § 8 Abs. 2 S. 1 UVgO handelt es sich bei diesem Verfahren und der öffentlichen Ausschreibung um gleichwertige Verfahren, die den Auftraggebern stets ohne Begründungsbedarf zur Verfügung stehen.

> *Beispiel*
>
> *Die Gemeinde G möchte den Winterdienst für die nächsten zwei Jahre ausschreiben. Der geschätzte Auftragswert liegt bei € 150.000.*
>
> *Da der geschätzte Auftragswert den für Liefer- und Dienstleistung geltenden Schwellenwert unterschreitet, kann die Gemeinde national ausschreiben. Sie hat nun die Wahl, ob sie eine öffentliche Ausschreibung oder eine beschränkte Ausschreibung mit Teilnahmewettbewerb durchführt. Einer besonderen Begründung für die Wahl des Verfahrens bedarf es nicht.*
>
> *Rechnet die Gemeinde mit nur wenigen Angeboten, so kann die Durchführung einer öffentlichen Ausschreibung sinnvoll sein. Sind eine große Menge an Angeboten zu erwarten, so kommt eine beschränkte Ausschreibung mit Teilnahmewettbewerb in Betracht.*

Beschränkte Ausschreibung mit TNW

Die **Beschränkte Ausschreibung mit Teilnahmewettbewerb** (TNW) ist in § 10 UVgO detailliert beschrieben und geregelt. Es handelt sich hierbei um ein **zweistufiges Verfahren.**

Auf der **1. Stufe** wird im Wege einer vorgeschalteten Eignungsprüfung zunächst die **Eignung** der Bieter geprüft. Auf der sich daran anschließenden **2. Stufe** erfolgt gegenüber einer vom Auftraggeber ausgewählten **beschränkten Anzahl von geeigneten Bietern die Aufforderung zur Abgabe von Angeboten.**

Der Wettbewerb wird bei diesem Verfahren dadurch gewährleistet, dass zunächst eine **unbeschränkte Anzahl** von Unternehmen im Rahmen eines sogenannten **Teilnahmewettbewerbs** auf der **1. Stufe** ausschließlich zum **Nachweis ihrer Eignung** aufgefordert werden. Die Unternehmen geben hierbei noch **keine** inhaltlichen Angebote bezogen auf die ausgeschriebene Leistung ab.

Erst im Anschluss an die Eignungsprüfung werden auf der **2. Stufe** einige Bieter nach zuvor vom Auftraggeber festgelegten **diskriminierungsfreien Kriterien** ausgewählt und diese dann zur Abgabe eines Angebots, welches sich auf die ausgeschriebene Leistung bezieht, aufgefordert.

Das Risiko dieser Verfahrensart besteht darin, dass die vorher vom Auftraggeber festgelegten Kriterien für die Auswahl der Bieter zur Angebotsabgabe im Ergebnis dazu führen, dass ggf. derjenige Bieter ausgeschlossen wird, der später auf der 2. Stufe das wirtschaftlichste Angebot abgegeben hätte. Denn die inhaltliche Bewertung des Angebots lässt sich erst auf der 2. Stufe, bei der Prüfung und Wertung der Angebote und nicht schon im Rahmen der vorgeschalteten Eignungsprüfung, durchführen.

Durch die **zweistufige Prüfung** verlängert sich das Verfahren automatisch, da den Bietern jeweils ausreichend Zeit zur Abgabe der **Teilnahmeanträge** und sodann zur **Abgabe der Angebote** auf der 2. Stufe einzuräumen ist.

Der **Vorteil** des **zweistufigen Verfahrens** besteht jedoch darin, dass eine ggf. sehr aufwendige Prüfung vieler inhaltlicher Angebote entfällt und lediglich eine größere Anzahl von Teilnahmeanträgen zu prüfen ist, um die Eignung der Bieter feststellen zu können.

Praxistipp

Ist damit zu rechnen, dass für die auszuschreibende Leistung voraussichtlich viele Angeboten eingehen werden, so kann es sinnvoll sein, das zweistufige Verfahren in Form der beschränkten Ausschreibung mit Teilnahmewettbewerb durchzuführen. Auch wenn die beiden Stufen auf den ersten Blick etwas aufwändiger erscheinen, kann der Aufwand durch die Reduzierung der Anzahl der inhaltlichen Prüfungen und Wertungen der Angebote erheblich vermindert werden.

Steht hingegen zu befürchten, dass nur sehr wenige Angebote eingehen werden, so ist stattdessen die Durchführung einer öffentlichen Ausschreibung empfehlenswert. Das einstufige Verfahren ist dann häufig zeitsparender, effizienter und erfolgversprechender.

Beschränkte Ausschreibung ohne TNW

Während die Durchführung einer beschränkten Ausschreibung mit Teilnahmewettbewerb stets ohne eine weitere Begründung möglich ist, ist die beschränkte Ausschreibung **ohne** Teilnahmewettbewerb nur **ausnahmsweise** unter Beachtung der Regelungen in § 8 Abs. 3 UVgO zulässig. Hiernach **kann** der Auftraggeber dieses Verfahren unter den dort genannten Voraussetzungen **ausnahmsweise** als Verfahrensart wählen.

Es ist hierbei entsprechend dem **Transparenzgebot** genau zu **dokumentieren,** dass eine öffentliche Ausschreibung nach § 8 Abs. 3 Nr. 1 UVgO kein wirtschaftliches Ergebnis gehabt hat oder eine öffentliche Ausschreibung oder eine beschränkte Ausschreibung mit Teilnahmewettbewerb einen unverhältnismäßigen Aufwand nach § 8 Abs. 3 Nr. 2 UVgO darstellen würde.

Zusätzlich existieren in vielen Bundesländern **Wertgrenzen,** wonach eine beschränkte Ausschreibung **ohne** Teilnahmewettbewerb zulässig ist, wenn die festgelegte Wertgrenze **unterschritten** ist.

Detailliert ist die **beschränkte Ausschreibung ohne Teilnahmewettbewerb** in § 11 UVgO geregelt. Hiernach sind gemäß § 11 Abs. 1 UVgO mindestens drei Unternehmen zur Abgabe eines Angebots aufzufordern. Bei diesen Unternehmen muss es sich nach § 11 Abs. 2 UVgO um **geeignete**

Unternehmen handeln und nach § 11 Abs. 4 UVgO obliegt dem Auftraggeber eine Verpflichtung zur **Streuung,** indem er zwischen den Unternehmen, die er zur Abgabe eines Angebots auffordert, wechselt.

Verhandlungsvergabe

Ebenso wie die beschränkte Ausschreibung ohne Teilnahmewettbewerb ist auch die **Verhandlungsvergabe** nur **ausnahmsweise** und unter Beachtung der Regelungen in § 8 Abs. 4 UVgO zulässig. Die Verhandlungsvergabe kann sowohl **mit als auch ohne Teilnahmewettbewerb** durchgeführt werden.

In § 8 Abs. 4 Nr. 1–17 UVgO sind – neben denen durch die jeweiligen Bundesländer festgelegten **Wertgrenzen** – zahlreiche **Ausnahmetatbestände** aufgezählt. Liegt eine diese Ausnahmen vor, so **kann** der Auftraggeber die Verhandlungsvergabe als Verfahrensart wählen.

Hierbei bedarf es stets einer **nachvollziehbaren Begründung,** weshalb ein Ausnahmetatbestand im konkreten Fall gegeben ist und deswegen die Durchführung der Verhandlungsvergabe ausnahmsweise zulässig ist. Dies ist insbesondere dem **Wettbewerbsprinzip** und dem **Transparenzgebot** geschuldet. So liegt etwa eine Dringlichkeit nach § 8 Abs. 4 Nr. 9 UVgO nur unter sehr engen Voraussetzungen vor. In der Regel ist dies zu verneinen, wenn die Dringlichkeit „hausgemacht" – also selbst verursacht – ist.

Exkurs

Diese Verfahrensart wird im Baubereich gemäß § 3 VOB/A – Abschnitt 1 noch immer als **freihändige Vergabe** bezeichnet. Diese Bezeichnung entspricht der Bezeichnung der VOL für die Vergabe von Liefer- und Dienstleistungen, die vor der Vergaberechtsreform in der Regel zu Anwendung kam und nun in den meisten Bundesländern durch die Anwendung der Vorschriften der UVgO ersetzt wurde.

Detailliert ist die **Verhandlungsvergabe mit und ohne Teilnahmewettbewerb** in § 12 UVgO geregelt.

Hinsichtlich der Durchführung einer **Verhandlungsvergabe mit Teilnahmewettbewerb** wird teilweise auf die Vorschriften des § 10 UVgO verwiesen.

Bei der **Verhandlungsvergabe ohne Teilnahmewettbewerb** sind entsprechend § 11 Abs. 2 UVgO ebenfalls mindestens drei **geeignete Unternehmen** zur Abgabe eines Angebots aufzufordern.

Ausnahmsweise darf nach § 12 Abs. 3 UVgO bei einer Verhandlungsvergabe nach § 8 Abs. 4 Nr. 9–14 UVgO auch nur **ein** Unternehmen zur Abgabe eines Angebots oder zur Teilnahme an Verhandlungen aufgefordert werden.

Im Gegensatz zu allen anderen Verfahrensarten im **unterschwelligen Bereich** sieht § 12 Abs. 4 UVgO vor, dass die Parteien über den gesamten Angebotsinhalt **verhandeln**. Der Auftraggeber kann den Zuschlag jedoch auch erteilen **ohne** zuvor verhandelt zu haben, wenn er sich diese Möglichkeit entsprechend § 12 Abs. 4 S. 2 UVgO **vorbehalten** hat.

Besteht seitens des Auftraggebers kein **Vorbehalt,** auch ohne vorherige Verhandlung den Zuschlag zu erteilen, so ist bei der Verhandlungsvergabe vor Zuschlagserteilung immer eine **Verhandlung** zwischen den Parteien durchzuführen.

Detaillierte Regelungen zur Verhandlung befinden sich in § 12 Abs. 5 und 6 UVgO.

Praxistipp

Die Wahl der Verfahrensart ist vom Auftraggeber zwingend nachvollziehbar zu dokumentieren. Hierbei ist auf die einzelnen Ausnahmen detailliert einzugehen und der spezielle Sachverhalt genau zu subsumieren.

Wird im Unterschwellenbereich vom Auftraggeber eine Verfahrensart aufgrund der Unterschreitung landesrechtlich festgelegter *Wertgrenzen* gewählt, so ist die Höhe und die Berechnung des geschätzten Auftragswertes zu belegen. Je näher dieser geschätzte Auftragswert hinsichtlich der Höhe an die von dem jeweiligen Bundesland festgesetzten Wertgrenzen heranreicht, umso ausführlicher ist die Schätzung zu begründen und weshalb der geschätzte Auftragswert die Wertgrenze gerade nicht überschreitet. Die Wertgrenzen der Bundesländer werden in der Regel im Internet bei den jeweiligen Auftragsberatungsstellen und Auftragsberatungszentren veröffentlicht.

Bezüglich der *Schwellenwerte* gilt ebenfalls, je dichter der geschätzte Auftragswert an den für die zu vergebende

Leistung einschlägigen Schwellenwert heranreicht, umso detaillierter ist entsprechend § 3 Abs. 2 VgV zu begründen, weshalb der Schwellenwert gerade nicht erreicht oder überschritten ist und deswegen gerade kein europaweites Verfahren durchzuführen ist.

Exkurs: Direktauftrag

Leistungen bis zu einem **voraussichtlichen Auftragswert** von € 1.000 **ohne Umsatzsteuer** können unter Berücksichtigung der Haushaltsgrundsätze der Wirtschaftlichkeit und Sparsamkeit **ohne Durchführung eines Vergabeverfahrens** beschafft werden. In § 14 UVgO ist diese Art der Beschaffung als **Direktauftrag** legaldefiniert.

Da im Unterschwellenbereich die Möglichkeit besteht, seitens des Bundes, der Länder oder der Kommunen abweichende Regelungen zu treffen, die im Einklang mit den Haushalts- und Vergabegrundsätzen stehen, können die geltenden Direktkaufgrenzen – ähnlich wie die Wertgrenzen – variieren.

Insbesondere in Krisensituationen kann und wird von dieser Möglichkeit vielfach Gebrauch gemacht. Es empfiehlt sich daher, sich vor der durchzuführenden Beschaffung über evtl. neue Regelungen zu Wertgrenzen oder Direktauftragsgrenzen zu informieren. Finden diese besonderen Vorschriften bei der individuellen Beschaffung Anwendung, so ist es sinnvoll, dies explizit zu dokumentieren.

Es handelt sich beim Direktauftrag **nicht** um eine spezielle Verfahrensart, sondern hierdurch soll die Beschaffung bis zu einem bestimmten Auftragswert erleichtert und der Aufwand verringert werden.

Beispiel

Die Stadt A im Bundesland B möchte neue Notebooks mit einem geschätzten Auftragswert von € 40.000 beschaffen. Im Bundesland B können Beschaffungen bis zu einem geschätzten Auftragswert von maximal € 50.000 im Wege einer Verhandlungsvergabe durchgeführt werden.

Variante 1:

Die Stadt A macht von der Möglichkeit der Durchführung einer Verhandlungsvergabe aufgrund der Unterschreitung der Wertgrenze in Höhe von € 50.000 Gebrauch, da der geschätzte Auftragswert in Höhe von € 40.000 die Wertgrenze um € 10.000 unterschreitet.

Die Stadt A fordert daher drei Unternehmen auf, ein Angebot zu unterbreiten. Um das Verfahren noch weiter zu beschleunigen, behält sich die Stadt gem. § 12 Abs. 4 S. 2 UVgO explizit vor, die Vergabe ohne Verhandlung direkt zu bezuschlagen.

Variante 2:

Der Markt an Notebooks ist derzeit sehr angespannt und die Stadt befürchtet, die Notebooks überhaupt nicht beschaffen zu können.

Um einen großen Adressatenkreis anzusprechen, kann die Stadt auch eine öffentliche Ausschreibung nach § 9 UVgO durchführen. Hierdurch wird ein großer potentieller Bieterkreis aufgefordert, ein Angebot abzugeben. Dadurch erhöht sich die Chance, dass mehrere Angebote eingehen, ein Zuschlag auf das wirtschaftlichste Angebot erteilt werden kann und damit der Bedarf schnell gedeckt werden kann. Eine beschränkte Ausschreibung mit Teilnahmewettbewerb nach § 10 UVgO wäre aufgrund des erhöhten Aufwands infolge des zweistufigen Verfahrens in der besonderen Konstellation eher nicht sinnvoll.

EU-weite Vergaben

Ergibt die Schätzung des Auftragswertes entsprechend den Vorschriften des § 3 VgV einen Nettobetrag, der den jeweils maßgeblichen **Schwellenwert erreicht oder überschreitet,** so richten sich diese **EU-weiten Vergaben** für Liefer- und Dienstleistungen und für freiberufliche Leistungen nach den Vorschriften des **Gesetzes gegen Wettbewerbsbeschränkungen** und der **Vergabeverordnung** und die EU-weiten Vergaben von Bauleistungen speziell nach den Vorschriften der **VOB/A-EU.**

Die einzelnen Verfahrensarten sind für die Vergaben von Liefer- und Dienstleistungen in § 119 GWB allgemein und in den §§ 14 ff. VgV detailliert geregelt.

Nach §§ 119 Abs. 2 GWB, 14 Abs. 2 VgV steht dem Auftraggeber bei europaweiten Vergaben ein **Wahlrecht** zu, ob er ein sog. **offenes Verfahren** oder ein sog. **nicht offenes Verfahren mit Teilnahmewettbewerb** durchführen möchte.

Die anderen Verfahrensarten – das **Verhandlungsverfahren mit oder ohne Teilnahmewettbewerb, der wettbewerbliche Dialog und die Innovationspartnerschaft** – stehen dem Auftraggeber nur zur Verfügung, wenn dies gesetzlich ausnahmsweise zulässig ist.

Offenes Verfahren

Nach §§ 119 Abs. 3 GWB, 15 VgV steht dem Auftraggeber grundsätzlich das **offene Verfahren** zur Verfügung. Vor der Vergaberechtsreform war dies das einzige EU-weite Verfahren, welches der Auftraggeber ohne weitere Begründung durchzuführen hatte.

Gemäß §§ 119 Abs. 2 GWB, 14 Abs. 2 VgV kann der Auftraggeber seit der Vergaberechtsreform wählen, ob er ein **offenes Verfahren** oder ein **nicht offenes Verfahren mit Teilnahmewettbewerb** durchführt.

Detailliert ist das **offene Verfahren** in § 15 VgV geregelt. Hiernach fordert der Auftraggeber eine **unbeschränkte Anzahl** von Unternehmen zur Abgabe von Angeboten auf und jedes interessierte Unternehmen kann ein Angebot abgeben. Diese öffentlichen Aufforderungen erfolgen in der Regel auf sog. Vergabeplattformen im Internet.

§ 15 VgV enthält Regelungen zu den einzuhaltenden Fristen und zur Aufklärung über das Angebot oder die Eignung des Bieters. Verhandlungen werden explizit **ausgeschlossen.**

Mittels des offenen Verfahrens wird der Wettbewerb nach den Vergabegrundsätzen durch die Aufforderung eines unbeschränkten Adressatenkreis besonders verwirklicht.

Nicht offenes Verfahren mit TNW

Das **nicht offene Verfahren** ist stes **mit Teilnahmewettbewerb (TNW)** durchzuführen. Für die Wahl dieser Verfahrensart bedarf es keiner besonderen Begründung.

Aufgrund des bestehenden Wahlrechts nach §§ 119 Abs. 2 GWB, 14 Abs. 2 VgV handelt es sich bei dem **offenen Verfahren** und dem **nicht offenen Verfahren mit Teilnahmewettbewerb** um Verfahrensarten, die dem Auftraggeber stets ohne Begründungsbedarf zur Verfügung stehen.

Das **zweistufig** durchzuführende **offene Verfahren mit Teilnahmewettbewerb** ist in § 119 Abs. 4 GWB allgemein und in § 16 VgV detailliert hinsichtlich der Durchführung und der Fristen geregelt.

Auf der **1. Stufe** wird im Wege einer vorgeschalteten Eignungsprüfung zunächst die **Eignung** der Bieter geprüft. Auf der sich daran anschließenden **2. Stufe** erfolgt gegenüber einer vom Auftraggeber ausgewählten **beschränkten Anzahl von geeigneten Bietern** die **Aufforderung zur Abgabe von Angeboten.**

Der Wettbewerb wird bei diesem Verfahren dadurch gewährleistet, dass zunächst eine **unbeschränkte Anzahl** von Unternehmen im Rahmen eines sogenannten **Teilnahmewettbewerbs** auf der **1. Stufe** ausschließlich zum **Nachweis ihrer Eignung** aufgefordert werden und sodann durch den Auftraggeber eine **diskriminierungsfreie Auswahl** der Bieter erfolgt, die zur **Abgabe eines Angebotes aufgefordert** werden.

Beispiel

Die Stadt S möchte den Winterdienst für die nächsten zwei Jahre ausschreiben. Der geschätzte Auftragswert liegt bei € 250.000.

Da der geschätzte Auftragswert den für Dienstleistungen geltenden Schwellenwert überschreitet, muss die Stadt europaweit ausschreiben. Sie hat die Wahl, ob sie ein offenes Verfahren oder ein nicht-offenes Verfahren mit Teilnahmewettbewerb durchführt.

Einer besonderen Begründung für die Wahl der Verfahrensart bedarf es nicht. Rechnet die Stadt mit nur wenigen Angeboten, so ist die Durchführung eines offenen Verfahrens sinnvoll. Sind eine große Anzahl von Angeboten zu erwarten, so kommt eher ein nicht offenes Verfahren mit Teilnahmewettbewerb in Betracht.

Verhandlungsverfahren

Das **Verhandlungsverfahren** nach § 119 Abs. 5 GWB ist nur **ausnahmsweise** unter Beachtung der Regelungen in § 14 VgV zulässig. Hierbei ist zu differenzieren, ob ein **Verhandlungsverfahren mit oder ohne Teilnahmewettbewerb** durchgeführt wird.

In § 14 Abs. 3 Nr. 1–5 VgV ist geregelt, unter welchen Umständen ein **Verhandlungsverfahren mit Teilnahmewettbewerb** ausnahmsweise durchgeführt werden kann.

In § 14 Abs. 4 Nr. 1–9 VgV ist geregelt, unter welchen Umständen ein **Verhandlungsverfahren ohne Teilnahmewettbewerb** ausnahmsweise durchgeführt werden kann.

Liegen die in der Vergabeverordnung genannten Ausnahmetatbestände vor, so **kann** der Auftraggeber das Verhandlungsverfahren als Verfahrensart wählen. Hierbei bedarf es stets einer **nachvollziehbaren Begründung**, weshalb ein Ausnahmetatbestand im konkreten Fall gegeben ist, um damit dem **Wettbewerbsprinzip** und dem **Transparenzgebot** gerecht zu werden.

In § 17 VgV ist das Verhandlungsverfahren detailliert hinsichtlich des Ablaufes und der Fristen geregelt.

In § 17 Abs. 11 VgV ist festgelegt, dass der Auftraggeber den Auftrag auf Grundlage des Erstangebotes vergeben kann, ohne in Verhandlung zu treten, wenn er sich dies **vorbehalten** hat. Ohne einen solchen Vorbehalt sieht § 17 Abs. 10 VgV vor, dass die Parteien in **Verhandlung** treten müssen.

Wettbewerblicher Dialog

Bei Vorliegen der Voraussetzungen der § 14 Abs. 3 Nr. 1–5 VgV ist es auch möglich, statt eines Verhandlungsverfahrens mit Teilnahmewettbewerb ausnahmsweise einen **wettbewerblichen Dialog** nach § 119 Abs. 6 GWB durchzuführen.

Hierbei handelt es sich um ein in der Praxis selten durchgeführtes Verfahren, welches detailliert in § 18 VgV geregelt ist.

Innovationspartnerschaft

Ein in der Praxis ebenso selten durchgeführtes Verfahren ist die **Innovationspartnerschaft** gemäß § 119 Abs. 7 GWB. Dieses Verfahren und die Voraussetzungen für die Zulässigkeit dieser Verfahrensart sind in § 19 VgV ausführlich geregelt.

Checkliste …	
Welche Verfahrensart kommt in Betracht?	✓
Vorüberlegung: • Art der zu vergebenden Leistung? (Liefer-/Dienstleistung oder Bauleistung) • Geschätzter Auftragswert (§ 2 VgV): Dokumentation unterschwellig – überschwellig?	
Unterschwellige Vergabe (UVgO) • Wahlrecht: Öffentliche Ausschreibung/ Beschränkte Ausschreibung mit TNW • Beschränkte Ausschreibung Dokumentation – Grund/Wertgrenze • Verhandlungsvergabe Dokumentation – Grund/Wertgrenze	
Überschwellige Vergabe (GWB/VgV) • Wahlrecht: Offenes Verfahren/ Nicht offenes Verfahren mit TNW • Verhandlungsverfahren mit/ohne TNW Dokumentation – Grund • Wettbewerblicher Dialog/ Innovationspartnerschaft Dokumentation – Grund TNW = Teilnahmewettbewerb	

Ablauf eines Vergabeverfahrens

Aufgrund der detaillierten Vorschriften für Vergaben im Unterschwellenbereich und im Oberschwellenbereich sind öffentliche Auftraggeber verpflichtet, einheitliche Verfahrensabläufe einzuhalten.

Mit der Vergaberechtsreform sollten Vergabeverfahren auf **elektronische Vergaben** umgestellt werden. Die Durchführung elektronischer Vergaben sind sowohl bei nationalen Vergabeverfahren nach der Unterschwellenvergabeordnung als auch bei europaweiten Vergaben nach den Vorschriften des GWB und der VgV verpflichtend vorgesehen. Die verschiedenen Systeme für die Durchführung elektronischer Vergaben haben den **Vorteil**, dass die Anwendenden Schritt für Schritt durch das Verfahren geführt werden, wichtige Aspekte beachtet und die einzelnen Entscheidungen im Rahmen des Verfahrens gleichzeitig dokumentiert werden.

Vorbereitung eines Vergabeverfahrens

Da Beschaffungen grundsätzlich sparsam und wirtschaftlich zu erfolgen haben, ist es sinnvoll, diese bereits im Vorfeld gut vorzubereiten. Einige notwendige **Vorüberlegungen vor Beginn des Vergabeverfahrens** erleichtern die tatsächliche Durchführung der Beschaffung dann in der Regel erheblich.

Vergabeakte

Mit der Entscheidung, eine Beschaffung zu tätigen, sollte sogleich eine **Vergabeakte** angelegt werden, um das **Trans-**

parenzgebot zu wahren und damit die Durchführung des gesamten Verfahrens adäquat **dokumentieren** zu können.

Praxistipp

In der Vergabeakte sollten die einzelnen Schritte des Verfahrens detailliert dokumentiert werden und hierbei die Gründe der Entscheidungsfindung festgehalten werden.

In der Regel wird ein *Vergabevermerk* mit den wesentlichen Schritten verfasst. Bei elektronischen Vergabeverfahren erfolgt dies durch das System i. d. R. automatisch.

Was soll beschafft werden?

Detaillierte Überlegungen und Recherchen zum **Beschaffungsgegenstand** in der Form, was genau tatsächlich benötigt wird, um die geplante zu bewältigende Aufgabe erledigen zu können, sind zwingend im Vorfeld durchzuführen. Hierbei ist häufig ein **Austausch** mit anderen von der Beschaffung unmittelbar oder mittelbar Betroffenen von Vorteil. Auch die Erfahrungen anderer Personen können hierbei genutzt werden und hilfreiche Ergänzungen die geplante Beschaffung perfektionieren.

Praxistipp

Bei der Festlegung des Beschaffungsgegenstandes sollte der Sachverhalt umfassend analysiert und beurteilt werden.

So kann beispielsweise der Abschluss einer Rahmenvereinbarung sinnvoll sein oder in manchen Fällen die Einplanung weiterer Anschlussbeschaffungen notwendig werden.

Wird beispielsweise bei einem Bauprojekt ein artenschutzrechtliches Gutachten in Auftrag gegeben, so können ggf. weitere Gutachtertätigkeiten aufgrund des Ergebnisses des Gutachtens notwendig werden. In solchen Situationen kann es überlegenswert sein – bei einer gewissen Wahrscheinlichkeit – zusätzliche Leistungen direkt als Option mit auszuschreiben. Diese Option ist bei der Auftragswertschätzung zwar mit zu berücksichtigen. Der Vorteil ist jedoch, dass die Option im Bedarfsfall dann ohne zeitliche Verzögerung einfach abgerufen werden kann.

Zuständigkeiten

Grundsätzlich sind die **Zuständigkeiten, Berechtigungen und Vertretungsberechtigungen** vor der Durchführung der Beschaffung zu überprüfen und zu beachten. Hierdurch soll vermieden werden, dass ansonsten bestehende Befugnisse überschritten werden und dies ggf. negative Auswirkungen auf die Rechtswirksamkeit des Vergabeverfahrens oder den Vertragsabschluss mit dem Auftragnehmer haben könnte.

Praxistipp

Häufig ist beim öffentlichen Auftraggeber eine strikte Trennung zwischen *Bedarfsstellen* und *Vergabestellen* vorgesehen.

Im Gegensatz zu den Bedarfsstellen, also denjenigen Betroffenen des öffentlichen Auftraggebers, die selber den Bedarf an der zu beschaffenden Leistung haben, haben die Vergabestellen eine größere Distanz zu den Auftragnehmern und es kann daher häufig von einer größeren Objektivität ausgegangen werden. Denn die Vergabestellen arbeiten nach Auftragserteilung nicht mit dem Auftragnehmer zusammen und sind außerdem in der Regel auch routinierter aufgrund der Durchführung einer Vielzahl von Vergaben, als dies die Bedarfsstellen sind.

Auch aus Sicht der *Korruptionsprävention* wird eine Trennung zwischen der vergebenden Stelle und der Stelle, die den Bedarf an der Beschaffung hat, als sinnvoll erachtet und daher beispielsweise bei internen Revisionsprüfungen häufig empfohlen.

Finanzielle Mittel

Für die Durchführung einer Beschaffung müssen die **finanziellen Mittel** selbstverständlich überhaupt zur Verfügung stehen. Hierbei sind die zuständigen Verantwortlichen frühzeitig einzubinden und evtl. bestehende spezielle Regelungen zu eruieren. So bedarf es häufig beispielsweise eines **Stadtratsbeschlusses** oder ähnlicher formeller Akte vor Beginn des Vergabeverfahrens.

Praxistipp

In der Regel existieren interne Regelungen, ab welcher Summe einzelne Gremien im Vorfeld zu beteiligen sind.

Die Vorbereitung der Vergabe kann teilweise längere Zeit in Anspruch nehmen. Nach § 3 Abs. 3 VgV ist der maßgebliche Zeitpunkt für die Schätzung des Auftragswertes und die daraus folgende Bestimmung des Vergabeverfahrens der Tag, an dem die Auftragsbekanntmachung abgesendet wird. Es sollte daher sichergestellt werden, dass die finanziellen Mittel auch zu diesem Zeitpunkt noch zur Verfügung stehen.

Hierbei sind beispielsweise offensichtlich zu erwartende Preissteigerungen oder sonstige aktuelle Entwicklungen, die Einfluss auf die Beschaffung haben könnten, zu berücksichtigen.

Ausnahmen vom Anwendungsbereich

Für einige Beschaffungen existieren Vorschriften, die die Anwendbarkeit der vergaberechtlichen Regelungen **ausnahmsweise ausschließen.**

So regelt z. B. § 107 GWB **allgemeine Ausnahmen,** bei deren Vorliegen der 4. Teil des Gesetzes gegen Wettbewerbsbeschränkungen keine Anwendung findet.

In § 108 GWB sind die Ausnahmen für die **öffentlich-öffentliche Zusammenarbeit und Inhouse-Geschäfte** geregelt. Diese Ausnahmen gelten auch im Unterschwellenbereich aufgrund des Verweises in § 1 Abs. 2 UVgO.

Exkurs

Mit der Vergaberechtsreform wurden die von der Rechtsprechung des Europäischen Gerichtshofs (EuGH) entwickelten Ausnahmen bei der öffentlich-öffentlichen Zusammenarbeit gesetzlich geregelt. Zu unterscheiden sind die vertikale und horizontale Zusammenarbeit

Vertikale Zusammenarbeit liegt bei Verträgen zwischen öffentlichen Auftraggebern mit ihnen nachgeordneten juristischen Personen vor, wie z. B. der Beschaffungsvertrag einer Gemeinde mit ihrem Stadtwerkeunternehmen.

Horizontale Zusammenarbeit kommt zwischen zwei oder mehreren öffentlichen Auftraggebern in Betracht, wie z. B. die kommunale Zusammenarbeit im Bereich der Abfallentsorgung.

Zu beachten ist, dass hierbei die Vorschriften des § 108 GWB und die umfassende Rechtsprechung des EuGH und der nationalen Gerichte zu beachten sind.

Auftragswertschätzung

Um eine **realistische Auftragswertschätzung** nach § 3 VgV für die geplante und für notwendig erachtete Beschaffung durchführen zu können, ist dem Auftraggeber vor Einleitung des Vergabeverfahrens eine umfassende **Markterkundung** zu empfehlen.

Diese Markterkundung ist auch in § 20 UVgO und § 28 VgV explizit vorgesehen und die Durchführung eines Vergabeverfahrens lediglich zur Markterkundung wird ausdrücklich für unzulässig erklärt.

Beispiel

Die Gemeinde G möchte nachhaltig hergestellte Mülleimer für alle Grünanlagen der Gemeinde beschaffen. Ob die Mittel für eine Beschaffung überhaupt vorhanden sind, ist noch nicht bekannt. Um den Aufwand für eine Marktrecherche zu vermeiden, führt die Gemeinde ein Vergabeverfahren durch, ohne das Verfahren zu Ende führen zu wollen.

Eine solche Vorgehensweise ist zum Schutz der potentiellen Bieter unzulässig. Die Gemeinde hat die Marktrecherche auf andere Art und Weise durchzuführen.

Die **Vorschriften zur Auftragswertschätzung** und die darin geregelten Besonderheiten sind bei jeder einzelnen Beschaffung zu berücksichtigen. Hierbei sind die Vorüberlegungen zum Beschaffungsgegenstand mit einfließen zu lassen. Es ist dabei stets notwendig, das **Gesamtprojekt** im Fokus zu haben und **langfristige Überlegungen** anzustellen.

Verfahrensart

Nach der Schätzung des Auftragswertes ist die durchzuführende **Verfahrensart** durch den öffentlichen Auftraggeber festzulegen. Dabei ist zum einen entscheidend, ob es sich bei der zu vergebenden Leistung um eine **Liefer- oder Dienstleistung oder um eine Bauleistung** handelt und zum anderen ist der **relevante Schwellenwert** zu berücksichtigen.

Nach der Feststellung, ob der jeweils geltende Schwellenwert unterschritten, erreicht oder überschritten ist, ist festzulegen, ob ein **nationales Vergabeverfahren** durchgeführt werden kann oder ein **europaweites Vergabeverfahren** zwingend durchzuführen ist. Abhängig von dieser Einordnung kann die zulässige **Verfahrensart** ausgewählt und deren Wahl in der Vergabeakte und im Vergabevermerk dokumentiert werden.

Praxistipp

Es ist hierbei unzulässig, die Beschaffung in verschiedene Vergabeverfahren aufzuteilen, um dadurch Vorschriften des Vergaberechts zu umgehen – z. B. um dadurch eine nationale Vergabe statt eine europaweite Vergabe durchführen zu können.

Vergabezeitplan

Nach der Wahl des Vergabeverfahrens ist in der Regel einschätzbar, wieviel Zeit die Vergabe in Anspruch nehmen wird. Hierbei sind unterschiedliche Fristen zu berücksichtigen.

Exkurs

Auf die einzelnen Fristen soll im Anschluss hieran separat eingegangen werden.

Während bei europaweiten Vergabeverfahren die Fristen detailliert geregelt sind, sind die Fristen bei nationalen Vergabeverfahren angemessen festzulegen.

Bei der Aufstellung des internen Zeitplans sollte berücksichtigt werden, wieviel Zeit die Erstellung der Leistungsbeschreibung in Anspruch nehmen wird, wieviel Zeit den potentiellen Bietern unter Berücksichtigung des Leistungsgegenstandes eingeräumt werden sollte, um ihre Angebote fristgerecht einreichen zu können und wie lange die Prüfung und Wertung der Angebote und die Zuschlagserteilung voraussichtlich in Anspruch nehmen werden.

Praxistipp

Bei der Erstellung des Zeitplans und der Berechnung der verschiedenen Fristen sollten auch die in den Zeitraum des Vergabeverfahrens fallenden Feiertage, Urlaubszeiten, Schulferien und bekannte Abwesenheiten der Verantwortlichen mitberücksichtigt werden.

Fristen

Im Vergabeverfahren sind **unterschiedliche Fristen** zu beachten. Sinn und Zweck der Fristen ist es, zum einen das Verfahren zu **beschleunigen** und **effizient durchzuführen.** Zum anderen soll das Verfahren **rechtssicher** und **verlässlich** für alle Beteiligten ausgestaltet werden.

Fristen im Überblick

Je nach Art und Stand des Vergabeverfahrens kommen unterschiedliche Fristen zu Anwendung.

Teilnahmefrist

Wird ein **zweistufiges Verfahren mit vorgeschaltetem Teilnahmewettbewerb** durchgeführt, so ist die sog. **Teilnahmefrist** einzuhalten.

Bei der **Teilnahmefrist** handelt es sich um die Frist für den Nachweis der **Eignung** des Bieters durch Abgabe eines **Teilnahmeantrages.** Der Bieter hat diese Frist einzuhalten, um überhaupt die Chance zu erhalten, im Anschluss an eine erfolgte positive Eignungsprüfung durch den öffentlichen Auftraggeber zur **Angebotsabgabe aufgefordert** zu werden.

Angebotsfrist

Werden potentielle Bieter zur Abgabe eines Angebots aufgefordert, so ist die sog. **Angebotsfrist** einzuhalten. Hierbei handelt es sich um den Zeitraum, in welchem die Angebote von den Bietern gegenüber dem Auftraggeber abgegeben werden können.

Angebote, die erst **nach Fristablauf** beim öffentlichen Auftraggeber eingehen, **sind auszuschließen.** Die Fristen unterscheiden sich abhängig davon, ob es sich um ein nationales oder europaweites Vergabeverfahren handelt und welche Verfahrensart zur Anwendung kommt.

Bindefrist

In den Vergabeunterlagen legt der Auftraggeber die sog. **Bindefrist** fest. Innerhalb dieser Frist ist der Bieter an sein gegenüber dem Auftraggeber abgegebenes **Angebot gebunden**.

Diese Regelung ist notwendig, da die **allgemeinen Regelungen des Zivilrechts** zur Bindung an den Antrag nach §§ 145 ff. BGB gelten. Solange der Bieter an sein Angebot gebunden ist, kann der öffentliche Auftraggeber dessen Angebot annehmen.

Sobald diese Bindefrist jedoch abläuft, ist der Bieter nicht mehr an sein Angebot gebunden. Würde der Auftraggeber das Angebot erst nach Ablauf dieser Bindefrist annehmen, so würde diese Willenserklärung nach § 150 Abs. 1 BGB **rechtlich keine Annahme,** sondern ein **neues Angebot** des Auftraggebers darstellen. Ein Vertrag käme deswegen mangels Vorliegens zweier übereinstimmender Willenserklärungen infolge der fehlenden fristgerechten Annahme des bieterseitigen Angebots durch den Auftraggeber nicht zustande.

Stattdessen bedürfte es dann im Fall des Ablaufs der Bindefrist zum Vertragsschluss einer Annahmeerklärung des Bieters. Diese Vorgehensweise ist jedoch im Vergabeverfahren nicht in dieser Art und Weise vorgesehen und vom Gesetzgeber auch nicht gewollt. Denn hiernach soll die Annahme – *und nicht das Angebot* – durch den Auftraggeber erfolgen.

Mangels Rechtsbindungswillens ist die seitens des Auftraggebers gegenüber der Vielzahl potentieller Bieter erklärte **Aufforderung zur Angebotsabgabe** daher zivilrechtlichen als **invitatio ad offerendum** zu qualifizieren.

Praxistipp

Bei der Berechnung der Bindefrist ist eine realistische Einschätzung dahingehend vorzunehmen, wieviel Zeit die Sichtung der Angebote durch den Auftraggeber voraussichtlich in Anspruch nehmen wird.

Hierbei sind der vor Einleitung des Vergabeverfahrens erstellte Vergabezeitplan und die darin berücksichtigten Abwesenheiten, Feiertage und Urlaubszeiten zu beachten.

Auch weitere Besonderheiten können dazu führen, dass die Frist zu kurz bemessen ist. Hierzu zählen beispielsweise Preissteigerungen, die dazu führen können, dass die eingegangenen Angebote über dem freigegebenen finanziellen Rahmen liegen. Die Klärung, ob weitere finanzielle Mittel zur Verfügung stehen, kann häufig einige Zeit in Anspruch nehmen und zu einer Verzögerung des Verfahrens führen.

Sollte die Frist doch zu kurz bemessen sein, so kann eine direkte Kontaktaufnahme mit dem Bieter, dessen Angebot das wirtschaftlichste Angebot darstellt, empfehlenswert sein. Ziel ist hierbei dann, eine Einigung über die Verlängerung der Bindefrist zu erreichen. Wenn der Bieter ein großes Interesse an der Erbringung der Leistung hat, wird dieser häufig mit einer Verlängerung der Bindefrist einverstanden sein.

Fristen im nationalen Vergabeverfahren

Führt die Schätzung des Auftragswertes dazu, dass der öffentliche Auftraggeber ein nationales Vergabeverfahren durchführen kann, so gelten im Unterschwellenbereich keine starren einzuhaltenden Fristen. Stattdessen sind die in § 13 UVgO genannten und definierten Fristen **angemessen** festzulegen.

Gemäß § 13 Abs. 1 UVgO hat der Auftraggeber sowohl für den **Eingang der Teilnahmeanträge,** die sog. **Teilnahmefrist,** und die **Angebote,** die sog. **Angebotsfrist,** nach den §§ 9–12 UVgO sowie die **Geltung der Angebote,** die sog. **Bindefrist**, **angemessene Fristen** festzulegen. Bei der Festlegung der Fristen sind nach § 13 Abs. 1 S. 2 UVgO insbesondere die Komplexität der Leistung, die beizubringenden Erklärungen und Nachweise (Unterlagen), die Zeit für die Ausarbeitung der Teilnahmeanträge und Angebote, die Zeit für die Auswertung der Teilnahmeanträge und Angebote, die gewählten Kommunikationsmittel und die zuvor auf Beschafferprofilen veröffentlichten Informationen **angemessen zu berücksichtigen.**

Neben der Klarstellung, dass die Fristen für alle Bewerber und Bieter **gleich** sein müssen, sieht § 13 Abs. 4 UVgO die

Möglichkeit einer **angemessenen Verlängerung der Fristen** vor, wenn zusätzliche wesentliche Informationen vom Auftraggeber vor Ablauf der Angebotsfrist zur Verfügung gestellt werden oder der Auftraggeber wesentliche Änderungen an den Vergabeunterlagen vornimmt.

Fristen im EU-weiten Vergabeverfahren

Erreicht oder überschreitet der geschätzte Auftragswert den jeweils geltenden auf die Leistung anzuwendenden Schwellenwert, so gelten **feste einzuhaltende Fristen.** Die Längen der Fristen unterscheiden sich abhängig von der jeweiligen Verfahrensart und sind in der Vergabeverordnung detailliert geregelt.

In den §§ 15 ff. VgV sind neben der Beschreibung der jeweiligen Verfahrensarten die **Fristen detailliert geregelt.** So beträgt die Frist in der Regel mindestens 30–35 Tage. Zusätzlich sind besondere Ausnahmen für Verkürzungen – etwa im Falle besonderer Dringlichkeit – vorgesehen. Bei der Festlegung der Fristen für den Eingang der Angebote und der Teilnahmeanträge nach den §§ 15–19 UVgO sind die Komplexität der Leistung und die Zeit für die Ausarbeitung der Angebote **angemessen** zu berücksichtigen.

Fristen sind wesentlicher Bestandteil des Vergabeverfahrens. Bei der Berechnung der Fristen sind die unterschiedlichen auf das konkrete Vergabeverfahren anwendbaren vergaberechtlichen Vorschriften zu beachten.

Folgende Fristen sind zu unterscheiden:

- Teilnahmefrist
- Angebotsfrist
- Bindefrist

Hinsichtlich der Länge der Fristen ist entscheidend, ob es sich um ein nationales Vergabeverfahren oder um ein europaweites Vergabeverfahren handelt.

Bei nationalen Verfahren gelten keine starren Fristen, sondern diese sind angemessen festzulegen.

Bei europaweiten Verfahren sind gesetzlich einzuhaltende Mindestfristen vorgesehen, deren Festlegung ebenfalls angemessen zu erfolgen hat.

Vergabeunterlagen

Bevor das Vergabeverfahren eröffnet werden kann, sind die notwendigen **Vergabeunterlagen** zusammenzustellen. Die in der Regel notwendigen Vergabeunterlagen sind für unterschwellige Vergaben in § 21 UVgO und für überschwellige Vergaben in § 29 VgV aufgezählt.

Die **Leistungsbeschreibung,** die verschiedenen **Zuschlagskriterien** und **Eignungskriterien** sind hierbei sorgfältig zu erarbeiten und nachvollziehbar zu formulieren.

Bei der Zusammenstellung der Vergabeunterlagen ist zu beachten, dass die vom Auftragnehmer geforderten Qualifikationen **durch den Auftragsgegenstand gerechtfertigt** und mit diesem **im Zusammenhang stehen** müssen.

Praxistipp

Existieren beim öffentlichen Auftraggeber besondere vergaberechtlich relevante Regelungen, so sind diese zu berücksichtigen.

So kommen beispielsweise im Unterschwellenbereich besondere geltende Vorschriften hinsichtlich bestehender Wertgrenzen für Direktaufträge oder interne Verteilungen der Zuständigkeiten der Bedarfsstellen oder Vergabestellen in Betracht. Häufig sind sonstige besondere formelle Vorschriften, wie beispielsweise Allgemeine Geschäftsbedingungen oder Durchführungsvorschriften des öffentlichen Auftraggebers, einzuhalten, die speziell in einzelnen Kommunen oder Bundesländern gelten.

Leistungsbeschreibung

Die **Leistungsbeschreibung** hat eine besondere Bedeutung im Vergabeverfahren. Hierin werden die Anforderungen des Auftraggebers hinsichtlich der zu vergebenden Leistung gegenüber dem Auftragnehmer formuliert.

Mit Zuschlagserteilung wird diese Leistungsbeschreibung dann Inhalt des abgeschlossenen Vertrages, an den die Vertragsparteien gebunden sind. Nach der Zuschlagserteilung und dem daraus resultierenden Vertragsschluss zwischen Auftraggeber und Auftragnehmer ist die Leistungsbeschreibung somit die zwischen den Parteien geltende **Vertragsgrundlage.** Die Erbringung der vertraglich geschuldeten Leistung richtet sich nach den in der Leistungsbeschreibung festgelegten Parametern.

Die Auslegung und evtl. auftretende Leistungsstörungen richten sich nach den allgemeinen **zivilrechtlichen Vorschriften.** Denn der öffentliche Auftraggeber handelt bei der Vertragsdurchführung nicht hoheitlich, sondern die **Vertragsparteien stehen sich gleichberechtigt gegenüber.**

Die Leistungsbeschreibung als Herzstück oder Fundament der im Wege des Vergabeverfahrens durchzuführenden Beschaffung ist sowohl im unterschwelligen als auch im überschwelligen Bereich in den jeweils anzuwendenden Vorschriften geregelt. Hierbei sind die Vorschriften nahezu wortgleich.

Nach § 23 UVgO im Unterschwellenbereich und nach § 121 GWB, § 31 VgV im Überschwellenbereich ist die Leistung **eindeutig und erschöpfend zu beschreiben,** so dass alle Bewerber die Beschreibung im gleichen Sinne verstehen müssen und **miteinander vergleichbare Angebote** zu erwarten sind.

Die Leistungsbeschreibung ist **vollständig, strukturiert und transparent** zu verfassen. Hierbei ist auf die Sicht eines durchschnittlichen, mit dieser Art von Ausschreibungen vertrauten Unternehmens abzustellen. Dabei ist darauf zu achten, dass die Inhalte **widerspruchsfrei und eindeutig nachvollziehbar** sind.

Der öffentliche Auftraggeber ist grundsätzlich frei in seiner Entscheidung, *welche* Beschaffung durchgeführt wird, solange er die **Vergabegrundsätze** und die **Grundsätze wirtschaftlichen und sparsamen Handelns** berücksichtigt. Bei jeder Beschaffung müssen jedoch die in der Leistungsbeschreibung genannten notwendigen Kriterien **durch die zu beschaffende Leistung gerechtfertigt und durch diese begründet sein.** Die Aufnahme vergabefremder Kriterien in die Leistungsbeschreibung ist grundsätzlich unzulässig.

Außerdem ist die Leistungsbeschreibung grundsätzlich **produktneutral** zu formulieren. Ist die produktneutrale Ausschreibung in der Praxis ausnahmsweise einmal nicht möglich, so ist der Zusatz *„oder gleichwertig"* mit aufzunehmen. Diese Ausnahme ist in der Dokumentation des Verfahrens besonders zu begründen.

Des Weiteren ist in der Leistungsbeschreibung entsprechend den geltenden Vergabegrundsätzen eine **Aufteilung in Lose** vorzunehmen, soweit die Leistung sinnvoll trennbar ist.

Beispiel

Die Gemeinde G möchte für den Marktplatz „schöne Gartenstühle zum Verweilen" beschaffen.

Da jede Person unterschiedliche Vorstellungen mit verschiedenen Gegenständen verknüpft, ist in der Leistungsbeschreibung detailliert aufzuführen, welche konkreten Erwartungen die Gemeinde an den Beschaffungsgegenstand stellt. So sind hier detaillierte Ausführungen zu Anzahl, Material, Farbe, Qualität, Nachhaltigkeit, Haltbarkeit, Preis, Lieferung etc. aufzuführen.

Ohne detaillierte Leistungsbeschreibung wäre eine Vergleichbarkeit der eingehenden Angebote wesentlich erschwert. Ferner wäre die Wahrscheinlichkeit, dass ein den Wünschen und Vorstellungen der Gemeinden entsprechendes Angebot einginge, erheblich verringert.

Verfahren bis zur Angebotsöffnung

Sind die Vergabeunterlagen vollständig zusammengestellt, so sind diese nach außen bekanntzugeben. Wie vielen potentiellen Bietern diese Unterlagen zu Verfügung gestellt werden, hängt von der jeweiligen Verfahrensart ab. Insoweit wird auf die Ausführung zu den *Verfahrensarten* verwiesen.

Vergabebekanntmachung

Bei den Standardverfahren, die der Auftraggeber bei nationalen und europaweiten Vergaben ohne weitere Begründung **frei wählen** kann, werden eine **unbeschränkte Anzahl** von Unternehmen zur Abgabe von **Angeboten** bzw. zur Abgabe von **Teilnahmeanträgen** aufgefordert. Dies erfolgt in der Regel durch die Veröffentlichung auf einer **Vergabeplattform** und wahlweise zusätzlich z. B. in elektronischer Form auf den Internetseiten des Auftraggebers oder in verschiedenen Printmedien.

Wird ausnahmsweise mit entsprechender Begründung ein Vergabeverfahren gewählt, bei dem nur ein **beschränkter Bieterkreis** zur Abgabe eines Angebots aufgefordert wird, so werden die Vergabeunterlagen direkt an die ausgewählten Unternehmen versandt. Hierfür bedarf es im Vorfeld einer umfangreichen **Marktrecherche** und einer Auswahl potentieller Bieter aufgrund nachvollziehbarer Kriterien, welche den Vergabegrundsätzen und dem Gebot des wirtschaftlichen und sparsamen Handelns entsprechen.

Beantwortung der Bieterfragen

Teilweise haben Bieter im Verlauf des Vergabeverfahrens Fragen zu den Vergabeunterlagen. Es ist sinnvoll, dass der Auftraggeber eine **Frist** setzt, in der festgelegt wird, wie lange solche Fragen seitens der Bieter gestellt und durch den Auftraggeber beantwortet werden können.

Unter Berücksichtigung des Gleichbehandlungsgrundsatzes sind Bieterfragen sowohl gegenüber dem die Frage stellenden Bieter als auch gegenüber allen anderen Bietern zu beantworten.

Beispiel

Die Stadt S schreibt ein artenschutzrechtliches Gutachten zwecks Vorbereitung eines Bauvorhabens aus. Die Leistungsbeschreibung ist von der Bedarfsstelle sehr ausführlich und sorgfältig verfasst worden. Dennoch erreicht die Vergabestelle eine Woche vor Ablauf der Angebotsfrist eine Bieterfrage.

Beantwortet die Stadt die Frage des Bieters, so ist die Antwort an alle potentiellen Bieter in der gleichen Art und Weise weiterzugeben, wie die Aufforderung zur Abgabe eines Angebots erfolgte.

Hat die Stadt für die Beantwortung für eventuelle Bieterfragen eine Frist gesetzt, so ist nach Ablauf der Frist eine Beantwortung der Bieterfrage unzulässig.

Bei Verfahren mit einer unbeschränkten Anzahl von Bietern sind die anonymisierte Frage und die Antwort in gleicher Weise zu veröffentlichen, wie die Vergabeunterlagen (z. B. über die Vergabeplattform, Internet, etc.).

Bei Verfahren, bei denen eine beschränkte Anzahl von Bietern zur Angebotsabgabe aufgefordert werden, sind ebenfalls alle Bieter in derselben Form zu informieren, wie zuvor die Aufforderung zur Angebotsabgabe stattgefunden hat.

In einigen Fällen kann es sogar notwendig werden, die Vergabeunterlagen noch insgesamt zu konkretisieren und dann ggf. die Fristen entsprechend zu verlängern. Auch hierbei ist wichtig, dass alle potentiellen Bieter hierüber informiert werden.

Praxistipp

Nach Ablauf der festgesetzten Frist sollten Bieterfragen nicht mehr beantwortet werden, da andernfalls diejenigen Bieter benachteiligt werden, die ihre Angebote bereits fertiggestellt oder sogar eingereicht haben und sich auf die Geltung der Frist verlassen haben. Andernfalls besteht die Gefahr, dass das Vergabeverfahren rechtsfehlerhaft ist.

Angebotsöffnung

Die eingegangenen Angebote dürfen durch den Auftraggeber erst **nach Ablauf der Angebotsfrist** geöffnet werden.

Vor Einführung der elektronischen Vergabeverfahren war darauf zu achten, dass die eingegangenen Umschläge mit einem Eingangsstempel versehen und unbeschädigt waren. Die Umschläge mit den Angeboten waren gemeinsam von mindestens zwei Personen – sog. **Vier-Augen-Prinzip** – zu öffnen.

Durch dieses Vorgehen kann sichergestellt werden, dass keine Manipulation der Unterlagen erfolgt und die rechtssichere Durchführung des Vergabeverfahrens gewährleistet wird. Zusätzlich handelt es sich hierbei um eine Maßnahme zur Vermeidung der Korruption.

Bei elektronischen Vergaben stellen die Systeme in der Regel automatisch sicher, dass eine Öffnung nicht vor Fristablauf möglich ist. Ferner setzen die Systeme in der Regel die gemeinsame Öffnung durch zwei Berechtigte und damit die Wahrung des *Vier-Augen-Prinzips* voraus.

Exkurs

Speziell für die Vergabe von Bauleistungen befinden sich für den unterschwelligen Bereich im Fall der Zulassung schriftlicher Angebote in § 14a VOB/A Vorschriften zum sog. Submissionstermin, bei dem Bieter und ihre Bevollmächtigten zugegen sein dürfen.

Da vor der Vergaberechtsreform die Vergaben in der Regel nicht in elektronischer, sondern in schriftlicher Form durchführt wurden, waren solche Submissionstermine früher die Regel.

Für den Liefer- und Dienstleistungsbereich waren in der VOL im Unter- und Überschwellenbereich und für freiberufliche Leistungen in der VOF auch schon vor der Reform solche Termine nicht vorgesehen. Dort erfolgten die Öffnungen der Angebote durch den öffentlichen Auftraggeber ohne Anwesenheit der Bieter.

Wertung und Zuschlagserteilung

Nach dem **Ablauf der Angebotsfrist** und der sodann erfolgten **Öffnung der Angebote** sind diese zu **prüfen und**

zu werten, bevor dann der **Zuschlag** auf das wirtschaftlichste Angebot erteilt wird.

Im Falle einer **Verhandlungsvergabe** bei nationalen Vergabeverfahren oder eines **Verhandlungsverfahrens** bei europaweiten Vergabeverfahren sind vor der Zuschlagserteilung **Verhandlungen** mit den Bietern zu führen. Erst im Anschluss an die Verhandlungen ist dann der Zuschlag zu erteilen. Dies ist jedoch **nicht** der Fall, wenn der öffentliche Auftraggeber eine Zuschlagserteilung **ohne vorherige Verhandlung** in den Vergabeunterlagen ausdrücklich vorgesehen hat.

Bei der Zuschlagserteilung sind evtl. bestehende spezielle einschlägige Formvorschriften zu beachten.

Exkurs

Auch wenn das Vergabeverfahren in elektronischer Form durchgeführt wird, ist darauf zu achten, dass der Vertragsabschluss durch Zuschlag formgerecht erfolgt.

Zivilrechtlich können Verträge in der Regel formfrei abgeschlossen werden, es sei denn, es ist die Einhaltung einer Form gesetzlich oder vertraglich vorgesehen. Ein Verstoß gegen Formvorschriften hat die Nichtigkeit des Rechtsgeschäfts nach §§ 125 ff. BGB zufolge.

Zusätzlich sind außerdem vorhandene spezielle für den öffentlichen Auftraggeber geltende Regelungen zu beachten. So sehen beispielsweise einige Bundesländer in ihren Gemeindeordnungen ein Schriftformerfordernis für Erklärungen vor, durch welche sich die Gemeinden verpflichten. Außerdem sind dort teilweise auch spezielle Vertretungsregelungen enthalten.

Prüfung und Wertung der Angebote

Unter Berücksichtigung der Vergabegrundsätze hat der öffentliche Auftraggeber die eingegangenen **Angebote zu prüfen und zu werten.** Hierbei sind **vier unterschiedliche Wertungsstufen** durchzuführen.

Für Vergaben im Unterschwellenbereich sind die Prüfung und Wertung von Angeboten in den §§ 31 ff. UVgO und für Vergaben im Überschwellenbereich in den §§ 41 ff. VgV geregelt.

Da in der Bundesrepublik Deutschland überwiegend Vergaben auf nationaler Ebene durchgeführt werden, sollen sich die folgenden Ausführungen auf die Regelungen der **Unterschwellenvergabeordnung** konzentrieren und die Regelungen der Vergabeverordnung nur ergänzend genannt werden.

Exkurs

Nur ausnahmsweise kann der öffentliche Auftraggeber ein Vergabeverfahren aufheben. Die Möglichkeit der Aufhebung ist für den Unterschwellenbereich in § 48 UVgO und in § 63 VgV für den Überschwellenbereich geregelt. Eine Verpflichtung zur Erteilung des Zuschlages besteht im Übrigen jedoch nicht.

Grund für diese restriktiven Regelungen zur Aufhebung eines Vergabeverfahrens ist, dass die Bieter, die den Aufwand auf sich nehmen, ein Angebot zu erstellen, sich darauf verlassen können sollen, dass das Verfahren mit einer gewissen Verlässlichkeit und Ernsthaftigkeit durchgeführt wird.

Dies entspricht auch dem Rechtsgedanken der Reglung in § 28 Abs. 2 VgV, wonach die Durchführung von Vergabeverfahren lediglich zur Markterkundung und zum Zwecke der Kosten- oder Preisermittlung unzulässig sind.

Wertungsstufen im Überblick

Jedes beim öffentlichen Auftraggeber eingegangene Angebot wird **einer formalen Prüfung, einer Eignungsprüfung, einer Prüfung der Angemessenheit des Preises sowie einer Prüfung der Wirtschaftlichkeit unterzogen.**

Bei der Prüfung und Wertung der Angebote sind daher sowohl formelle als auch inhaltliche Aspekte Gegenstand der Prüfung der Angebote. Hierbei sind die durch den Auftraggeber in den Vergabeunterlagen festgelegten Anforderungen an die Eignung der Bieter sowie die Anforderungen an die zu erbringende Leistung unter Berücksichtigung der Zuschlagskriterien und deren Gewichtung mit den eingegangenen Angeboten abzugleichen.

Unter engen Voraussetzungen besteht ferner die Möglichkeit der Nachforderung fehlender Unterlagen im Rahmen der Formalen Prüfung der Angebote.

1. Stufe: Formale Prüfung

Die Teilnahmeanträge und Angebote sind nach § 41 UVgO (§ 56 VgV) auf Vollständigkeit und fachliche Richtigkeit und die Angebote zusätzlich auf rechnerische Richtigkeit zu prüfen.

Nach § 42 Abs. 1 S. 1 UVgO (§ 57 VgV) **werden** Angebote von Unternehmen bei der Wertung nicht berücksichtigt, die

Eignungskriterien nicht erfüllen oder wegen Vorliegens von Ausschlussgründen ausgeschlossen sind.

Darüber hinaus **werden Angebote von der Wertung ausgeschlossen,** die nicht den Formanforderungen des § 38 UVgO genügen. In § 42 Abs. 1 S. 2 UVgO werden **beispielhaft** (s. Wortlaut *„insbesondere"*) Formfehler, die zu einem Ausschluss führen (s. Wortlaut *„werden"*), alternativ (s. Wortlaut § 42 Abs. 1 S. 2, Nr. 5 UVgO *„oder"*) aufgezählt. Gründe, die mit den aufgezählten Gründen **vergleichbar** sind, führen daher ebenfalls zum Ausschluss des Angebots.

Folgende Gründe führen nach § 42 Abs. 1 S. 2 Nr. 1–6 UVgO zum Ausschluss eines Angebotes aus formellen Gründen:

- Angebote nicht form- oder fristgerecht
- Angebote ohne (nach-) geforderte Unterlagen
- Angebote mit zweifelhaften Bieterangaben
- Angebote mit Änderungen an den Vertragsunterlagen
- Angebote ohne geforderte Preise
- Angebote ohne zugelassene Nebenangebote

Nach § 41 Abs. 2 UVgO kann der Auftraggeber unter Einhaltung der Grundsätze der Transparenz und Gleichbehandlung den Bewerber oder Bieter auffordern, u. a. fehlende, unvollständige oder fehlerhafte **unternehmensbezogene Unterlagen,** insbesondere Eigenerklärungen **nachzureichen,** zu vervollständigen oder zu korrigieren. Der Auftraggeber ist jedoch grundsätzlich dazu **berechtigt,** in den Vergabeunterlagen oder in der Auftragsbekanntmachung festzulegen, dass eine Nachforderung der Unterlagen **nicht** erfolgt.

Ausgeschlossen ist nach § 41 Abs. 3 UVgO eine Nachforderung **leistungsbezogener Unterlagen,** die die Wirtschaftlichkeitsbewertung der Angebote anhand der Zuschlagskriterien betreffen. Dieser Ausschluss gilt jedoch nicht für Preisangaben, wenn es sich um **unwesentliche Einzelpositionen** handelt, deren Einzelpreis den Gesamtpreis nicht verändert oder die Wertungsreihenfolge und den Wettbewerb nicht beeinträchtigen.

Die nachzureichenden Unterlagen sind vom Bewerber oder Bieter nach Aufforderung durch den Auftraggeber innerhalb einer von diesem festzulegenden **angemessenen Frist** vorzulegen. Hierbei sind die Entscheidung zur und das Ergebnis der Nachforderung zu dokumentieren.

> *Beispiel*
> *Bei der Öffnung der Angebote wird festgestellt, dass die Unterschrift des Bieters unter dem Angebot fehlt.*
>
> *Nach § 42 Abs. 1 S. 2 Nr. 1 UVgO ist dieses Angebot aufgrund dieses Formfehlers auszuschließen und kann somit nicht gewertet werden.*

2. Stufe: Eignungsprüfung

Voraussetzung für die Zuschlagserteilung ist, dass der Bewerber oder Bieter über die notwendige **Eignung** verfügt.

Diese Eignung kann abhängig von der gewählten Verfahrensart in einer vorgeschalteten Eignungsprüfung im Rahmen eines **Teilnahmewettbewerbs** erfolgen.

Erfolgt die Vergabe nicht in einem zweistufigen Verfahren, so setzen die jeweils für die verschiedenen Verfahrensarten anwendbaren Vorschriften voraus, dass nur **geeignete Unternehmen** zur Angebotsabgabe aufgefordert werden. Ob die Eignung tatsächlich besteht, ist im Rahmen der Eignungsprüfung zu verifizieren. Diese Eignungsprüfung erfolgt in Form einer **Prognose.**

Im Bereich der unterschwelligen Vergaben wird in den §§ 31,33 UVgO hinsichtlich der Eignung auf die Vorschriften des GWB zur **Eignung** und zu den **Ausschlussgründen verwiesen.** Im überschwelligen Bereich verweisen die §§ 42 ff. VgV ebenfalls auf die §§ 123 ff. GWB.

Nach § 31 UVgO werden Unternehmen (wie in § 122 GWB) dann als **geeignet** definiert, wenn diese **fachkundig und leistungsfähig** sind.

Fachkundig ist ein Bieter, wenn die erforderlichen Kenntnisse, Fertigkeiten und Erfahrungen vorliegen, um die zu vergebende Leistung ausführen zu können.

Die **Leistungsfähigkeit** umfasst wirtschaftliche, finanzielle, technische und berufliche Aspekte und damit die Bonität sowie das Vorhandensein des notwendigen Know-hows und erforderlicher Kapazitäten.

Der Auftraggeber kann als **Eignungskriterien** nach § 33 UVgO Anforderungen im Hinblick auf die Befähigung und Erlaubnis zur Berufsausübung und die wirtschaftliche, finanzielle und berufliche Leistungsfähigkeit stellen, die sicherstellen, dass die Bewerber oder Bieter über die erforderliche Eignung für die ordnungsgemäße Ausführung des Auftrags verfügen. Hierbei müssen **die Anforderungen mit dem Auftragsgegenstand in Verbindung und zu diesem in einem angemessenen Verhältnis stehen.**

Öffentliche Auftraggeber **sind** zu jedem Zeitpunkt des Vergabeverfahrens zum Ausschluss eines Unternehmens vom Vergabeverfahren **verpflichtet** (s. Wortlaut: *„schließen (…) aus"*), wenn einer **der zwingenden Ausschlussgründe** nach § 123 GWB vorliegt, auf die § 33 Abs. 1 UVgO verweist.

Liegt ein **fakultativer Ausschlussgrund** nach § 124 GWB vor, so **können** (s. Wortlaut *„können (…) ausschließen"*) öffentliche Auftraggeber unter Berücksichtigung des **Verhältnismäßigkeitsgrundsatzes** ein Unternehmen zu jedem Zeitpunkt des Vergabeverfahrens von der Teilnahme am Vergabeverfahren **ausschließen.**

> *Beispiel*
> *Nachdem die Stadt S einen Reinigungsvertrag für ein Verwaltungsgebäude mit einer einjährigen Laufzeit ausgeschrieben und bezuschlagt hatte und mit dieser Leistungserbringung allerdings sehr unzufrieden war, soll diese Leistung nach Ablauf der Vertragslaufzeit nun erneut national ausgeschrieben werden.*
>
> *Stellt die Stadt bei der Prüfung und Wertung der eingegangenen Angebote fest, dass auch das Unternehmen ein Angebot abgeben hat, mit dessen Leistungserbringung die Stadt im vergangenen Jahr nicht zufrieden war, so kann ein fakultativer Ausschlussgrund wegen Schlechtleistung nach § 31 Abs. 1 UVgO i. V. m. § 124 Abs. 1 Nr. 7 GWB in Betracht kommen.*
>
> *Hiernach ist ein Ausschluss möglich, wenn das Unternehmen wesentliche Anforderungen bei der Ausführung eines früheren öffentlichen Auftrags oder Konzessionsvertrags erheblich oder fortdauernd mangelhaft erfüllt hat. Nach § 31 Abs. 2 S. 5 UVgO ist im Unterschwellenbereich*

im Gegensatz zum Überschwellenbereich zwar nicht erforderlich, dass dies zu einer vorzeitigen Beendigung, zu Schadensersatz oder zu einer vergleichbaren Rechtsfolge geführt hat. Um den fakultativen Ausschluss rechtfertigen zu können, ist es jedoch sinnvoll, entsprechend der allgemeinen zivilrechtlichen Vorschriften die Schlechtleistungen gegenüber dem Vertragspartner während des Vertragsvollzugs geltend zu machen und dies zu dokumentieren.

3. Stufe: Angemessenheit des Preises

Die angebotenen Preise oder die Kosten eines Angebots, auf welches der Zuschlag erteilt werden soll, müssen im Verhältnis zu der ausgeschriebenen Leistung **angemessen** sein. Werden ungewöhnlich niedrige Preis angeboten, so müssen die öffentlichen Auftraggeber nach § 44 UVgO (§ 60 VgV) vom Bieter Aufklärung verlangen.

Dabei prüft der Auftraggeber die Zusammensetzung des Angebots unter Berücksichtigung der übermittelten Unterlagen.

In § 44 Abs. 2 UVgO sind Aspekte der Prüfung **beispielhaft** (s. Wortlaut „*insbesondere*") aufgezählt. Dabei prüft der Auftraggeber die Zusammensetzung des Angebots und berücksichtigt die übermittelten Unterlagen.

Die Prüfung kann sich *insbesondere* auf die Wirtschaftlichkeit des Fertigungsverfahrens oder der Erbringung der Dienstleistung, gewählte technische Lösungen oder außergewöhnlich günstige Bedingungen, über die das Unternehmen verfügt, Besonderheiten der angebotenen Leistung, die Einhaltung umwelt-, sozial- und arbeitsrechtlicher Vorschriften oder die Gewährung staatlicher Beihilfen beziehen.

§44 Abs. 3 UVgO regelt, unter welchen Voraussetzungen der Auftraggeber den Zuschlag für das Angebot **ablehnen kann** oder sogar zur **Ablehnung verpflichtet** ist.

Der Sinn und Zweck dieser Vorschrift besteht darin, dass zum einen der Auftraggeber vor späteren möglichen wirtschaftlichen Schwierigkeiten des Auftragnehmers und einer Gefährdung der Durchführung des Auftrages geschützt wird. Zum anderen soll aber auch der Auftragnehmer davor geschützt werden, sich durch das Unterangebot selbst finanziell zu gefährden.

> ***Beispiel***
> *Die Stadt S möchte für den Sommer einen Stadtstrand im Stadtpark einrichten. Die Stadt führt ein Vergabeverfahren zwecks Beschaffung der erforderlichen Menge Sand aus. Bei Öffnung der Angebote bietet ein Bieter 50% unter dem geschätzten Auftragswert und den Angeboten der übrigen Bieter an.*
>
> *Die Stadt ist nach §44 UVgO zur Aufklärung dieses ungewöhnlich niedrigen Angebots verpflichtet. Der Bieter begründet das niedrige Angebot dahingehend, dass er zu viel Sand eingekauft habe, die Lagerkosten immens seien und der Verkauf des Sandes daher für ihn günstiger sei. Sofern diese Erklärung für die Stadt plausibel erscheint, ist eine Zuschlagserteilung möglich.*

4. Stufe: Wirtschaftlichstes Angebot

Der Zuschlag wird nach §43 Abs. 1 UVgO (§58 VgV) auf das **wirtschaftlichste Angebot** erteilt. Dabei erfolgt die Ermittlung des wirtschaftlichsten Angebots auf der Grundlage des besten Preis-Leistungs-Verhältnisses.

Entscheidend ist dabei also **nicht allein der Preis.** Gemäß §43 Abs. 2 S. 2 UVgO können *neben* dem Preis oder den Kosten auch **qualitative, umweltbezogene oder soziale Zuschlagskriterien** berücksichtigt werden, so dass sich aus diesem Wortlaut schließen lässt, dass die Höhe des Preises oder der Kosten bei der Beurteilung der Wirtschaftlichkeit des Angebots nie gänzlich ausgeschlossen werden dürfen. In der Praxis sollte dabei der Preis mindestens 30 % der Zuschlagskriterien ausmachen.

Mögliche Zuschlagskriterien werden in §43 Abs. 2 S. 2 UVgO, wie sich aus dem Wortlaut *insbesondere* ergibt, **beispielhaft** und daher nicht abschließend aufgezählt. Hierbei müssen die Zuschlagskriterien nach §43 Abs. 3 UVgO mit dem Auftragsgegenstand in Verbindung stehen.

Sofern der Auftraggeber eine **Gewichtung** der Zuschlagskriterien nach §43 Abs. 6 UVgO angegeben hat, so ist diese Festlegung **bindend** und entsprechend dem Transparenzgebot zu veröffentlichen. Andere Kriterien dürfen vom Auftraggeber nicht berücksichtigt und von der festgelegten Gewichtung darf nicht abgewichen werden.

> ***Beispiel***
> *Die Gemeinde G möchte die Kühlschränke in den Teeküchen des Rathauses durch energiesparende Geräte austauschen. In der Leistungsbeschreibung zählt die Gemeinde folgende Kriterien auf:*
>
> - *50 % Energieeffizienzklasse mind. B*
> - *20 % Kundendienst innerhalb von 24 h*
> - *30 % Preis*

Die Gemeinde ist an die gewählte Gewichtung gebunden. In einer Auswertungstabelle können die eingegangenen Angebote entsprechend der Gewichtung miteinander verglichen und sodann das wirtschaftlichste Angebot ausgewählt werden.

In dieser Konstellation kann es sehr gut sein, dass ein Angebot für Kühlschränke mit besonders guter Energieeffizienz im Ergebnis das wirtschaftlichste Angebot darstellt, selbst wenn der Preis für das angebotene Produkt höher liegen sollte als der Preis für die anderen angebotenen Kühlschränke.

Zuschlagserteilung

Mit der **formgerechten Zuschlagserteilung** gegenüber dem Bieter mit dem wirtschaftlichsten Angebot **innerhalb der Bindefrist** ist das Vergabeverfahren beendet.

Bei **europaweiten Ausschreibungen** sind außerdem die **Informations- und Wartepflichten** gem. § 134 GWB zu beachten.

Der dann abgeschlossene Vertrag wird entsprechend der darin enthaltenen **vertraglichen Vereinbarungen** und nach den allgemeinen **zivilrechtlichen Vorschriften** vollzogen.

Praxistipp

Bei der Vertragsdurchführung sollten die dem öffentlichen Auftraggeber gegenüber dem Auftragnehmer zustehenden Rechte entsprechend den zivilrechtlichen Vorschriften auch tatsächlich ausgeübt werden.

Wird eine Leistung nicht vertragsgerecht ausgeführt, so kann die ordnungsgemäße Erbringung durch die Vielzahl der zivilrechtlichen Vorschriften durchgesetzt werden.

Auch die Geltendmachung und Durchsetzung vertraglicher Ansprüche stellen ein wirtschaftliches und sparsames Handeln des öffentlichen Auftraggebers dar, da so die ordnungsgemäße vertragsgemäße Erbringung der durch Steuergelder finanzierten Leistung sichergestellt wird.

Gut, zu wissen …

Sowohl seitens der Auftraggeber als auch seitens der Bieter können im Vergabeverfahren immer wieder Fehler auftreten. Um häufig vorkommende Fehler in der Praxis zu vermeiden, sollen im Folgenden einige typische Fehler dargestellt werden.

Mögliche Fehler seitens des Auftraggebers

Der Erfolg des Vergabeverfahrens wird gefährdet, wenn dem **Auftraggeber** beispielsweise folgende Fehler unterlaufen, die es zu vermeiden gilt:

- mangelhafte Bedarfsermittlung
- mangelhafte Leistungsbeschreibung
- falsche Wahl der Verfahrensart
- fehlende Eignungsprüfung
- vergabefremde Kriterien

- unzulässige Nachverhandlungen (Nachverhandlungen sind nur möglich, wenn Verhandlungen bei der gewählten Verfahrensart rechtlich zulässig sind)
- mangelhafte Dokumentation
- ...

Mögliche Fehler seitens des Bieters

Damit sich der Bieter erfolgreich am Vergabeverfahren beteiligen kann, muss er die vergaberechtlichen Vorschriften beachten. Auch hier treten seitens des **Bieters** einige Fehler relativ häufig auf, die es zu vermeiden gilt, damit der Bieter nicht vom Verfahren ausgeschlossen wird und somit sein Angebot auch gewertet werden kann:

- fehlende Unterschrift des Angebots
- versäumte Angebotsfrist
- unvollständiges Angebot
- unzulässige Nebenangebote, wenn diese ausgeschlossen sind
- Änderungen/Ergänzungen der Vertragsunterlagen
- ...

Checkliste	
Ablauf eines Vergabeverfahrens	✓
Vorbereitung: • Vergabeakte • Beschaffungsgegenstand • Zuständigkeiten • Finanzielle Mittel • Ausnahmen vom Anwendungsbereich • Auftragswertschätzung (Leistungsgegenstand) • Verfahrensart • Vergabezeitplan (Fristen) • Vergabeunterlagen (Leistungsbeschreibung)	
Verfahren bis zur Angebotsöffnung • Vergabebekanntmachung • Beantwortung der Bieterfragen • Angebotsöffnung (Vier-Augen-Prinzip)	
Prüfung und Wertung der Angebote • Formelle Prüfung • Eignungsprüfung • Angemessenheitsprüfung • Wirtschaftlichkeitsprüfung	
Zuschlagserteilung	
Mögliche Fehler vermeiden	

Rechtsschutz im Vergaberecht

Auch im Vergaberecht kann es zu Streitigkeiten im Zusammenhang mit dem Vergabeverfahren kommen. Hinsichtlich des **Rechtsschutzes im Vergaberecht gelten Besonderheiten,** über die im Folgenden ein kurzer Überblick gegeben werden soll.

Im Vergaberecht existiert ein **zweigeteiltes Rechtsschutzsystem.** Hierbei wird unterschieden zwischen dem sog. **primären Rechtsschutz,** der darauf gerichtet ist, in einem laufenden Vergabeverfahren auf die Zuschlagserteilung Einfluss zu nehmen und dem **sekundären Rechtsschutz,** der auf die Zahlung eines Schadensersatzes gerichtet ist.

Die Ausgestaltung des Rechtsweges ist davon abhängig, ob es sich um ein Vergabeverfahren im **Unterschwellenbereich** oder im **Überschwellenbereich** handelt.

Rechtsschutz – EU-weite Vergaben

Handelt es sich um ein **europaweites Vergabeverfahren** und damit um ein Verfahren im **Überschwellenbereich,** finden die besonderen Vorschriften zum Rechtsschutz nach **Kapitel 2 des vierten Teils des Gesetzes gegen Wettbewerbsbeschränkungen** Anwendung.

Die Vorschriften in §§ 155 ff. GWB zum **Nachprüfungsverfahren** bei europaweiten Vergabeverfahren enthalten sowohl Regelungen zum **primären Rechtsschutz** als auch zum **sekundären Rechtsschutz.**

Primärer Rechtsschutz

Nach § 97 Abs. 6 GWB haben Unternehmen einen Anspruch darauf, dass der Auftraggeber die Bestimmungen des Vergaberechts einhält.

Mittels des **primären Rechtsschutzes** beabsichtigt der Antragssteller nach § 156 Abs. 2 GWB die Vornahme oder das Unterlassen einer Handlung in einem Vergabeverfahren zu erreichen. Hierdurch soll die Entscheidung des öffentlichen Auftraggebers **überprüft** und bei Erfolg der Ausgang des Vergabeverfahrens durch die Entscheidung **beeinflusst** werden.

Das vergaberechtliche Nachprüfungsverfahren ist **zweistufig** aufgebaut. Nach § 155 GWB unterliegt die Vergabe öffentlicher Aufträge und Konzessionen der Nachprüfung durch die **Vergabekammern** in 1. Instanz. Gegen diese Entscheidung kann gemäß § 171 GWB in 2. Instanz im Wege der **sofortigen Beschwerde** zum Oberlandesgericht vorgegangen werden.

Verfahren vor den Vergabekammern

Die **erstinstanzliche Überprüfung** des Vergabeverfahrens erfolgt vor den **Vergabekammern,** deren Einrichtung, Organisation und Zuständigkeit in §§ 158 ff. GWB näher geregelt ist. Hierbei handelt es sich **nicht** um Gerichte, sondern um **Verwaltungsbehörden.** Die Entscheidung ergeht gemäß § 168 Abs. 3 S. 1 GWB als **Verwaltungsakt in Beschlussform.**

Die Vergabekammern üben nach § 157 Abs. 1 GWB ihre Tätigkeit im Rahmen der Gesetze **unabhängig** und in **eigener Verantwortung** aus. Obgleich es sich nicht um Gerichte handelt, sind diese ähnlich wie ein Gericht mit einem Vorsitzenden und zwei Beisitzern besetzt.

Der Antragsteller kann durch den Rechtsschutz vor den Vergabekammern seine Interessen aufgrund empfundener Benachteiligungen in verschiedenen Stadien des Vergabeverfahrens geltend machen. Nachprüfungen kommen beispielsweise wegen eines nicht eingeleiteten Vergabeverfahrens, Verstößen gegen Vergabegrundsätze bei der Verfahrensdurchführung oder zwecks Verhinderung einer Zuschlagserteilung zugunsten eines Konkurrenten in Betracht.

Wichtig für die Durchführung des Nachprüfungsverfahrens ist der Umstand, dass im überschwelligen Bereich gem. § 134 Abs. 2 GWB eine sog. **Wartfrist** gilt. Hiernach kann ein Vertrag erst 15 bzw. 10 Kalendertage, nachdem die nicht berücksichtigten Bieter über die geplante Zuschlagserteilung informiert wurden, geschlossen werden. Beabsichtigt der nicht berücksichtigte Bieter **Einfluss auf die Zuschlagserteilung** zu nehmen und diese zu verhindern, so kommt der **primäre Rechtsschutz** in Betracht.

Der Antrag **auf Nachprüfung** vor der Vergabekammer setzt seitens des Antragstellers die Geltendmachung eines **Interesses an dem öffentlichen Auftrag** und einer **Verletzung der Rechte** aus § 97 Abs. 6 GWB durch Nichtbeachtung von Vergabevorschriften voraus. Dieser Antrag ist jedoch nur **zulässig,** soweit der Antragsteller die geltend gemachten Verstöße entsprechend den Vorschriften des § 160 Abs. 3 GWB **zuvor fristgerecht** gegenüber dem Auftraggeber **gerügt** hat.

Durch diese **vorangehende Rüge** soll das Verfahren beschleunigt werden, damit dem Auftraggeber die Möglichkeit eröffnet wird, die gerügten Fehler zu beseitigen und damit die Durchführung eines Nachprüfungsverfahrens vermieden werden kann.

Beachtet der Antragsteller die **Rügeobliegenheit** und hilft der Auftraggeber der Rüge nicht ab, so ist der Nachprüfungsantrag gem. § 160 Abs. 3 Nr. 4 GWB innerhalb einer **Frist** von 15 Kalendertagen zu stellen.

Der Antrag ist gem. § 161 Abs. 1 GWB **schriftlich** bei der **Vergabekammer** einzureichen, unverzüglich zu **begründen** und ein bestimmtes **Begehren** zu formulieren. Dabei ist nach § 161 Abs. 2 GWB u. a. der Antragsgegner zu bezeichnen und die behauptete Rechtsverletzung zu beschreiben.

Nach § 168 GWB entscheidet die Vergabekammer durch **Verwaltungsakt in Form eines Beschlusses,** ob der Antragsteller in seinen **Rechten verletzt** ist und trifft **geeignete Maßnahmen.**

Die Verpflichtung der Vergabestelle zur Erteilung eines Zuschlags ist nur unter sehr engen Voraussetzungen ausnahmsweise statthaft, da andernfalls hierdurch die **Beschaffungsautonomie** des öffentlichen Auftraggebers unzulässig eingeschränkt würde. Mögliche Entscheidungen sind beispielsweise die Zurückversetzung des Vergabeverfahrens, Überarbeitung der Leistungsbeschreibung oder der Zuschlagskriterien, die Anordnung, keinen Zuschlag auf die eingegangenen Angebote zu erteilen etc.

Die Einleitung eines Nachprüfungsverfahrens hat erhebliche Auswirkungen auf den Verlauf eines Vergabeverfahrens und führt in der Regel zu erheblichen **Verzögerungen.** Dies ist der Fall, obgleich die Entscheidung der Vergabekammern nach § 167 Abs. 1 GWB innerhalb von fünf Wochen zu treffen ist, es sei denn es liegen ausnahmsweise besondere tatsächliche oder rechtliche Schwierigkeiten vor. Denn sobald der **Auftraggeber** von der Vergabekammer in Textform **über den Antrag auf Nachprüfung informiert** wird, darf dieser gem. § 169 Abs. 1 GWB vor der Entscheidung der Vergabekammer und dem Ablauf der Beschwerdefrist nach § 172 Abs. 1 GWB den **Zuschlag nicht erteilen.**

Ablauf eines Nachprüfungsverfahrens nach GWB:

- Rüge nach § 160 Abs. 3 GWB
- Fristgerechter Antrag auf Feststellung einer Rechtsverletzung bei der Vergabekammer innerhalb von 15 Kalendertagen nach Mitteilung der Nichtabhilfe der Rüge
- Form und Inhalt des Antrags nach § 161 GWB
- Entscheidung der Vergabekammer nach § 168 GW

Sofortige Beschwerde zum OLG

Gegen die Entscheidung der Vergabekammer ist nach § 171 Abs. 1 GWB die **sofortige Beschwerde** durch die am Verfahren vor der Vergabekammer Beteiligten zulässig. Die sofortige Beschwerde ist nach § 171 Abs. 2 GWB ebenfalls möglich, wenn die Vergabekammer **nicht fristgerecht** entschieden hat, da der Antrag in diesem Fall **als abgelehnt gilt.**

Zuständig ist nach § 171 Abs. 3 GWB das für den Sitz der Vergabekammer zuständige **Oberlandesgericht.** Die Form und Frist der sofortigen Beschwerde richtet sich nach § 172 GWB, wonach diese binnen einer **Notfrist von zwei Wochen** einzulegen und zu begründen ist.

Die Wirkung der sofortigen Beschwerde, wie beispielsweise die aufschiebende Wirkung gegenüber der Entscheidung der Vergabekammer, ist in § 173 GWB detailliert geregelt.

Die möglichen Beschwerdeentscheidungen des Oberlandesgerichts sind in § 178 GWB geregelt.

Sekundärer Rechtsschutz

Neben dem primären Rechtsschutz kann der Unternehmer zusätzlich den Weg des **sekundären Rechtsschutzes** wählen, indem er nach § 181 GWB **Schadensersatzansprüche** geltend macht.

Erfolgsaussichten für die Durchsetzung der Schadensersatzansprüche bestehen, wenn der Auftraggeber gegen eine den Schutz von Unternehmen bezweckende Vorschrift **verstoßen** hat und das Unternehmen ohne den Verstoß eine **echte Chance** gehabt hätte, den Zuschlag zu erhalten. Der Schadensersatz bezieht sich hiernach auf die Kosten der Vorbereitung des Angebots oder die Teilnahme an einem Vergabeverfahren.

Zusätzlich ist die Geltendmachung weiterreichender Ansprüche nach den Vorschriften des Zivilrechts möglich.

> ***Beispiel***
> *Die Gemeinde G schreibt einen Rahmenvertrag für Büromöbel im Wert von € 400.000 aus. Der Bieter B ist der Auffassung, dass die Gemeinde G ihm gegenüber den Zuschlag hätte erteilen müssen, weil er sein Angebot für das wirtschaftlichste Angebot hält. B stellt sogleich einen Antrag auf Feststellung einer Rechtsverletzung bei der Vergabekammer.*

Da der Auftragswert den Schwellenwert überschreitet, handelt es sich um ein europaweites Vergabeverfahren, für welches der primäre Rechtsschutz des Gesetzes gegen Wettbewerbsbeschränkungen generell eröffnet ist. Dieser Antrag hat jedoch keine Aussicht auf Erfolg, da B den Verstoß gegen Vergabevorschriften zunächst gegenüber der Gemeinde hätte rügen müssen. Der Antrag ist somit gem. § 160 Abs. 3 Nr. 1 GWB unzulässig und hat damit keine Aussicht auf Erfolg.

Rechtsschutz – nationale Vergaben

Da die Vorschriften im Gesetz gegen Wettbewerbsbeschränkungen nur für die europaweiten Vergaben zur Anwendung kommen, sind diese **nicht** auf **nationale Vergabeverfahren** anwendbar. Dies hat zur Folge, dass der Primärrechtsschutz in Form eines Nachprüfungsverfahrens vor den Vergabekammern bei nationalen Vergabeverfahren **ausscheidet.**

Exkurs

In einigen Bundesländern existieren zusätzliche spezielle Regelungen zum Rechtsschutz im Bereich der nationalen Vergaben, die jeweils zu beachten sind.

Bei nationalen Vergabeverfahren fehlt es an vergabespezifischen Vorschriften zum Rechtsschutz. Stattdessen ist der Rechtsweg zu den **ordentlichen Gerichten** eröffnet. Es finden daher die **allgemeinen auf Schadensersatz gerichteten zivilrechtlichen Vorschriften** Anwendung.

Eine Beeinflussung des Ausgangs des Vergabeverfahrens, wie dies bei europaweiten Verfahren im Wege des primären Rechtsschutzes der Fall ist, ist im Wege des **sekundären**

Rechtsschutzes im Unterschwellenbereich daher **nicht** möglich.

> *Beispiel*
>
> *Die Stadt S schreibt eine Lieferleistung im Wert von € 150.000 aus. Der Bieter ist der Auffassung, dass er den Zuschlag hätte erhalten müssen und möchte gegen die Entscheidung vorgehen.*
>
> *Da der Auftragswert den Schwellenwert unterschreitet, handelt es sich um ein nationales Vergabeverfahren, für welches der primäre Rechtsschutz des Gesetzes gegen Wettbewerbsbeschränkung nicht eröffnet ist.*
>
> *B steht daher nur der sekundäre Rechtsschutz zur Verfügung. Ist B ein Schaden entstanden, so kann er Schadensersatzansprüche vor den Zivilgerichten geltend machen. Eine Zuschlagserteilung zugunsten eines anderen Bieters kann B jedoch dadurch nicht verhindern.*

Entscheidend für den Rechtsschutz im Vergaberecht ist folglich, ob es sich um ein **nationales oder europaweites Vergabeverfahren** handelt. Davon sind die verschiedenen **Rechtsschutzmöglichkeiten** abhängig und welche **Erfolgsaussichten** ein Rechtsschutzverfahren hat und worauf der **Rechtsschutz gerichtet** werden kann.

Abhängig davon, ob es sich um ein nationales oder ein europaweites Vergabeverfahren handelt, ist der Rechtsschutz unterschiedlich.

Primärer/Sekundärer Rechtsschutz

Nationale Vergabe (< Schwellenwert)	**EU-weite Vergabe** (≥ Schwellenwert)
GWB (–)	§§ 160 ff. GWB (+)
primärer Rechtsschutz (–)	**primärer Rechtsschutz (+)**
zivilrechtliche Verfahren	zivilrechtliche Verfahren/ § 181 GWB
Sekundärer Rechtsschutz (+)	**Sekundärer Rechtsschutz (+)**

Exkurs: Vergabe von Bauleistungen

Für die Vergabe von **Bauleistungen** gelten die besonderen Vorschriften der **Vergabe- und Vertragsordnung für Bauleistungen (VOB/A),** die in zwei Abschnitte aufgeteilt ist. **Abschnitt 1** findet dabei auf Vergaben im **Unterschwellenbereich** und **Abschnitt 2** auf Vergaben im **Überschwellenbereich** Anwendung.

Exkurs

Die Vorschriften der VOB in den Teilen B und C (VOB/B, VOB/C) werden auch als AGB der öffentlichen Hand bezeichnet.

Ordnet der Auftraggeber eine zu beschaffende Leistung in Abgrenzung zu Liefer- und Dienstleistungen und freiberuflichen Leistungen als **Bauleistung** ein, so ist festzustellen, ob der geschätzte Auftragswert den Schwellenwert für Bauleistungen unterschreitet oder erreicht bzw. überschreitet.

Ist eine eindeutige Qualifikation als Bauleistung problematisch, so sind die Entscheidungsfindung, die Gründe für die Entscheidung sowie die Schätzung des Auftragswertes entsprechend dem **Transparenzgebot** nachvollziehbar zu **dokumentieren.**

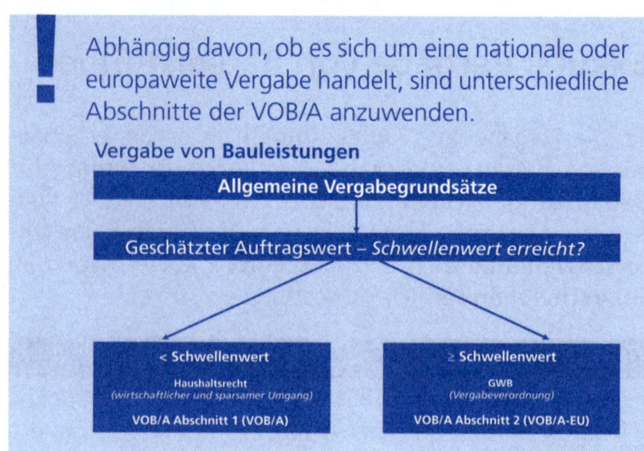

Nationale Vergaben von Bauleistungen

Für nationale Vergaben von Bauleistungen – also die Vergaben im **Unterschwellenbereich** – findet neben dem Haushaltsrecht der Abschnitt 1 der VOB Anwendung.

§ 1 VOB/A definiert **Bauleistungen** als Arbeiten jeder Art, durch die eine **bauliche Anlage** hergestellt, instandgehalten, geändert oder beseitigt wird.

In § 2 VOB/A sind die zu beachtenden **Vergabegrundsätze** festgelegt, die im Wesentlichen denen bei jeder Vergabe einzuhaltenden allgemeinen Vergabegrundsätzen gem. § 97 GWB entsprechen.

Die Bezeichnung der **Verfahrensarten** in der VOB/A stimmen überwiegend mit den Bezeichnungen der Verfahrensarten der Unterschwellenvergabeordnung überein. Der Auftraggeber hat nach § 3a VOB/A ein **Wahlrecht,** ob er eine **öffentliche Ausschreibung** oder eine **beschränkte Ausschreibung mit Teilnahmewettbewerb** durchführt. Die Voraussetzungen für die Durchführbarkeit einer **beschränkten Ausschreibung ohne Teilnahmewettbewerb** sind in § 3a Abs. 2 VOB/A und die Zulässigkeit der **freihändigen Vergabe,** die der Verhandlungsvergabe nach § 12 UVgO entspricht, in § 3a Abs. 3 VOB/A geregelt.

In den §§ 6a, 6b, 7 VOB/A befinden sich ausführliche Regelungen zum **Eignungsnachweis** und zur **Leistungsbeschreibung**. Die Vorschriften zu den Vergabeunterlagen in § 8 VOB/A enthalten u. a. Regelungen zur **Zulässigkeit von Neben- und (mehreren) Hauptangeboten.**

Ferner enthält die VOB/A Vorschriften zu den verschiedenen Fristen, Form und Inhalt der Angebote, die Öffnung der Angebote, Aufklärung der Angebotsinhalte, Nachforderung von Unterlagen sowie der Prüfung und Wertung der Angebote, der Gründe für eine Aufhebung der Ausschreibung und der Zuschlagserteilung.

EU-weite Vergaben von Bauleistungen

Für die EU-weiten Vergaben von Bauleistungen – also die Vergaben im **Oberschwellenbereich** – finden die Bestimmungen des Gesetzes gegen Wettbewerbsbeschränkungen und im eingeschränkten Umfang die Vorschriften der Vergabeverordnung neben den besonderen Vorschriften der **VOB/A-EU** Anwendung.

§ 103 Abs. 3 GWB definiert **Bauaufträge** als die Ausführung und gleichzeitige Planung und Ausführung von **Bauleis-**

tungen nach § 103 Abs. 3 Nr. 1 GWB und **Bauwerke** nach § 103 Abs. 3 Nr. 2 GWB. Für die Vergabe von Bauaufträgen sind nach § 2 VgV die Abschnitte 1 und Abschnitte 2, Unterabschnitt 2 der Vergabeverordnung anzuwenden.

§ 1 VOB/A-EU definiert detaillierter den **Anwendungsbereich** und in § 2 VOB/A-EU werden die zu beachtenden **Vergabegrundsätze** geregelt, die im Wesentlichen den allgemeinen Vergabegrundsätzen nach § 97 GWB entsprechen.

Die in § 3 VOB/A-EU geregelten **Verfahrensarten** entsprechen in ihrer Bezeichnung denen der Vergabeverordnung in den §§ 14 ff. VgV. Detaillierte Regelungen zum **Wahlrecht** des Auftraggebers zwischen dem **offenen Verfahren** und dem **nicht offenen Verfahren mit Teilnahmewettbewerb** und den Zulässigkeitsvoraussetzungen des **Verhandlungsverfahrens mit und ohne Teilnahmewettbewerb** und zum **wettbewerblichen Dialog** und der **Innovationspartnerschaft** enthält § 3a VOB/A-EU.

Wie für die nationalen Vergaben im ersten Abschnitt der VOB/A befinden sich auch für den überschwelligen Bereich in der VOB/A-EU ausführliche Regelungen zum Eignungsnachweis, zur Leistungsbeschreibung, zu den Vergabeunterlagen, zu den Fristen, Form und Inhalt der Angebote, zur Öffnung der Angebote, Aufklärung der Angebotsinhalte, Nachforderung von Unterlagen sowie zur Prüfung und Wertung der Angebote, zu den Gründen für eine Aufhebung der Ausschreibung und zur Zuschlagserteilung.

Exkurs: Architekten- und Ingenieursleistungen

Die Vergabe von Architekten- und Ingenieursleistungen ist in der Praxis häufig von besonderer Relevanz. Da diese **freiberuflichen Leistungen** (entsprechend § 18 EstG) in der Regel für Aufgaben erbracht werden, deren **Lösung vorab nicht eindeutig und erschöpfend beschrieben werden können,** sind besondere Regelungen notwendig. Auch bei der Vergabe dieser freiberuflichen Leistungen ist zu differenzieren, ob es sich um eine Vergabe im unterschwelligen oder überschwelligen Bereich handelt.

Nationale Vergaben freiberuflicher Leistungen

Für die **nationalen Vergaben** enthält Abschnitt 3 der Unterschwellenvergabeordnung für die **Vergabe von Aufträgen für besondere Leistungen und Planungswettbewerbe** besondere Regelungen.

Nach § 50 UVgO sind öffentliche Aufträge über Leistungen, die im Rahmen einer freiberuflichen Tätigkeit erbracht werden oder im Wettbewerb mit freiberuflich Tätigen angeboten werden, im **Wettbewerb** zu vergeben und dabei so viel Wettbewerb zu schaffen, wie dies nach der Natur des Geschäfts oder nach den besonderen Umständen möglich ist.

Europaweite Vergaben freiberuflicher Leistungen

Bei den **europaweiten Vergaben** enthält Abschnitt 6 der Vergabeverordnung besondere Vorschriften für die Vergabe von Architekten- und Ingenieursleistungen.

In den Vorschriften der §§ 73 ff. VgV sind **Architekten- und Ingenieursleistungen** definiert und Regelungen zur Eignung und zum Zuschlag enthalten. Nach § 74 VgV ist als Verfahrensart das **Verhandlungsverfahren mit Teilnahmewettbewerb** nach § 17 VgV oder der **wettbewerbliche Dialog** nach § 18 VgV für die Vergabe von Architekten- und Ingenieursleistungen vorgesehen.

Bei diesem Abschnitt der VgV handelt es sich um Vorschriften, die vor der Vergaberechtsreform in der seit der Reform weggefallenen VOF für die europaweiten Vergaben geregelt waren.

Im Unterabschnitt 2 des Abschnitts 6 befinden sich Regelungen zu den **Planungswettbewerben** für Architekten- und Ingenieursleistungen. Nach § 78 Abs. 1 VgV gewährleisten diese Planungswettbewerbe die beste Lösung der Planungsaufgabe und sind gleichzeitig ein geeignetes Instrument zur Sicherstellung der Planungsqualität und Förderung der Baukultur. Die Durchführung der Planungswettbewerbe ist in diesem Unterabschnitt detailliert geregelt.

Exkurs: Sektorenverordnung

Für die Vergabe öffentlicher Aufträge im Bereich des Verkehrs, der Trinkwasserversorgung und der Energieversorgung gelten die besonderen Regelungen der **Sektorenverordnung.** Bei der Sektorenverordnung handelt es sich um eine Verordnung aufgrund der Verordnungsermächtigung gem. § 113 GWB.

Hierunter fällt die sog. Sektorentätigkeit, die im GWB detailliert geregelt ist. § 100 GWB definiert **Sektorenauftraggeber** als öffentliche Auftraggeber nach § 99 Nr. 1–3 GWB, die eine **Sektorentätigkeit** nach § 102 GWB ausüben sowie natürliche oder juristische Personen des privaten Rechts, unter der Voraussetzung des § 100 Abs. 1 Nr. 2 GWB.

Für öffentliche Aufträge und Wettbewerbe, die von einem Sektorenauftraggeber zum Zwecke der Ausübung einer Sektorentätigkeit vergeben werden, gelten nach § 106 Abs. 2 Nr. 2 GWB **besondere Schwellenwerte,** deren Höhe bei der Vergabe von Liefer- und Dienstleistung in der Regel ca. doppelt so hoch ist, wie bei der Vergabe von Liefer- und Dienstleistungen außerhalb des Sektorenbereichs. Die Schwellenwerte im Baubereich sind hingegen identisch mit den allgemein gültigen Schwellenwerten für die Vergabe von Bauleistungen.

Bei den Verfahrensarten stehen Sektorenauftraggebern nach § 141 GWB das **offene Verfahren, das nicht offene Verfahren, das Verhandlungsverfahren mit Teilnahmewettbewerb und der wettbewerbliche Dialog nach ihrer Wahl zur Verfügung,** um damit vereinfacht effiziente

Verfahren wählen zu können und dadurch der besonderen Beschaffungsautonomie in diesen Bereichen nachkommen zu können.

Das **Verhandlungsverfahren ohne Teilnahmewettbewerb** und die **Innovationspartnerschaft** können nach § 13 SektVO nur unter denen in der Verordnung genannten Voraussetzungen gewählt werden.

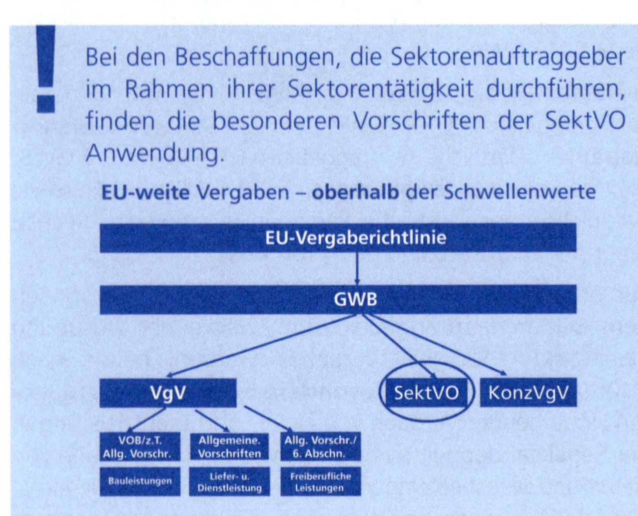

Fazit

Das Vergaberecht enthält zahlreiche unterschiedliche Vorschriften bezogen auf unterschiedlich Bereiche der Beschaffungen durch öffentliche Auftraggeber.

Um die korrekten einschlägigen Vorschriften auf das Vergabeverfahren anwenden zu können, bedarf es bei jeder Beschaffung zunächst einer Einschätzung, ob der **geschätzte Auftragswert** der geplanten Beschaffung die europaweit geltenden **Schwellenwerte,** die alle zwei Jahre angepasst werden, unterschreiten oder erreichen bzw. überschreiten.

Für die verschiedenen zu vergebenden Leistungen kommen jeweils unterschiedliche Schwellenwerte zur Anwendung. Dabei sind die Schwellenwerte für **Liefer- und Dienstleistungen** und **freiberufliche Leistungen** identisch, während die Schwellenwerte für **Bauleistungen** erheblich höher sind.

Die Schätzung des Auftragswertes und die Schwellenwerte sind entscheidend für die Beurteilung, ob eine **nationale oder europaweite Vergabe** durchzuführen ist. Die anwendbaren Vorschriften unterscheiden sich teilweise erheblich.

Während für die **europaweiten Vergabeverfahren** die verschiedenen **EU-Richtlinien** in nationales Recht in Form des **Gesetzes gegen Wettbewerbsbeschränkungen** umgesetzt und durch die **Vergabeverordnung** konkretisiert wurden, wird bei **nationalen Vergabeverfahren** überwiegend unter Beachtung des **Haushaltsrechts** die **Unterschwellenvergabeordnung** angewendet.

Bei der Vergabe von **Bauleistungen** finden außerdem die speziellen Vorschriften der **VOB** Anwendung.

Sektorenauftraggeber wenden im Rahmen ihrer **Sektorentätigkeit** die **Sektorenverordnung** an, für die spezielle Schwellenwerte gelten.

Ein Vergabeverfahren ist stets **gut vorzubereiten,** damit eine rechtskonforme Durchführung erleichtert wird. Hierbei sind die **allgemeinen Vergabegrundsätze** zu beachten, die einzelnen Schritte gut zu **dokumentieren** und die **Wirtschaftlichkeit und Sparsamkeit** des Handelns zu gewährleisten. Bei den verschiedenen **Verfahrensarten** sind jeweils unterschiedliche Regelungen zu beachten.

Nach der Vorbereitung des Vergabeverfahrens mit einem realistischen **Zeitplan,** sorgfältig berechneten **Fristen,** einer detaillierten durchdachten **Leistungsbeschreibung** und der **Aufforderung zur Angebotsabgabe** erfolgt nach Eingang der Angebote eine **Prüfung und Wertung dieser Angebote** bevor der **Zuschlag** erteilt werden kann.

Mit Abschluss des Vergabeverfahrens wird der bezuschlagte Auftrag sodann nach den allgemeinen **zivilrechtlichen Regeln** vollzogen.

Bei Beachtung der relevanten vergaberechtlichen Vorschriften wird die Wahrscheinlichkeit erheblich erhöht, dass eine rechtliche Überprüfung gemäß der **speziellen Regelungen zum Rechtsschutz** nicht notwendig wird und die Verfahren somit rechtskonform, erfolgreich und zügig durchgeführt werden können.

Die Autorin

Prof. Dr. Maike Langenhan-Komus studierte Rechtswissenschaften an den Universitäten in Münster und Mainz und wurde an der Universität zu Köln zum Dr. iur. promoviert.

Nach ihrem Referendariat in Mainz, New York und Frankfurt a. M. war sie langjährig als Fachanwältin für Arbeitsrecht in einer international tätigen Wirtschaftskanzlei in Frankfurt a. M. und München tätig.

Während ihrer anschließenden Tätigkeit als Juristin bei der Landeshauptstadt München war sie für die Beurteilung rechtlicher Fragestellungen im Bereich Vergabe zuständig, bevor sie ein Team in diesem Bereich leitete und sodann die Leitung einer Vergabestelle (Stadtplanung) übernahm. Kurze Zeit nach ihrem Wechsel zum Bayerischen Staatsministerium für Wissenschaft und Kunst, u. a. als Referentin für Datenschutzrecht, wurde die Autorin auf eine Professur für Wirtschafts- und Arbeitsrecht an der Fachhochschule Erfurt berufen.

Die Autorin ist seit vielen Jahre als Lehrbeauftragte der Hochschule für angewandte Wissenschaften München aktiv und ist als Trainerin im Bereich Vergaberecht für verschiedene öffentliche Auftraggeber – u. a. auch in Form von Inhouse-Schulungen und Weiterbildung – sowie für private Seminaranbieter tätig.

In dieser Reihe ist von der Autorin außerdem der Crashkurs Arbeitsrecht im Jahr 2022 erschienen.

Hinweise zu den verwendeten Quellen:

Um den im Vorwort beschriebenen Nutzen dieses Praxiskurses zu erreichen, wurde bewusst auf die Darstellung verschiedener Meinungen in der Literatur oder der unterschiedlichen Rechtsprechung verzichtet. Die hier dargestellten Ausführungen werden daher nicht einzeln mit Quellenangaben versehen. An dieser Stelle soll darauf hingewiesen werden, dass sich die Ausführungen sowohl auf die Expertise der Autorin, die aktuelle Rechtsprechung als auch auf folgende im C. H. Beck Verlag erschienene Werke, wie beispielsweise auf das von *Prof. Dr. iur. Martin Burgi* verfasste Lehrbuch *Vergaberecht* sowie das von Fachanwalt für Vergaberecht *Tobias Osseforth* herausgegebene *Handbuch IT-Vergabe* stützen.

Impressum:
Verlag C. H. Beck im Internet: www.beck.de
ISBN Print: 978-3-406-79574-9
ISBN E-Book: 978-3-406-79629-6

Wilhelmstraße 9, 80801 München
Satz: Fotosatz Buck, Kumhausen
Druck und Bindung: Beltz Bad Langensalza GmbH,
Am Fliegerhorst 8, 99947 Bad Langensalza
Umschlaggestaltung: Ralph Zimmermann – Bureau Parapluie
Umschlagbild: © Alliance – stock.adobe.com (modifiziert)

chbeck.de/nachhaltig

Gedruckt auf säurefreiem, alterungsbeständigem Papier
(hergestellt aus chlorfrei gebleichtem Zellstoff)